Valuation Usefulness of Fair
Value Information:
Study Based on the Perspective of Enterprise Valuation

公允价值信息的
估值有用性

——基于企业价值评估视角的研究

徐 云◎著

中国财经出版传媒集团

经济科学出版社
Economic Science Press

图书在版编目（CIP）数据

公允价值信息的估值有用性：基于企业价值评估视角的研究/徐云著．－－北京：经济科学出版社，2022.11

ISBN 978 - 7 - 5218 - 4276 - 0

Ⅰ.①公…　Ⅱ.①徐…　Ⅲ.①企业 - 价值论 - 研究　Ⅳ.①F270

中国版本图书馆 CIP 数据核字（2022）第 214111 号

责任编辑：杨　洋　杨金月
责任校对：李　建
责任印制：范　艳

公允价值信息的估值有用性
——基于企业价值评估视角的研究
徐　云　著
经济科学出版社出版、发行　新华书店经销
社址：北京市海淀区阜成路甲 28 号　邮编：100142
总编部电话：010 - 88191217　发行部电话：010 - 88191522
网址：www. esp. com. cn
电子邮箱：esp@ esp. com. cn
天猫网店：经济科学出版社旗舰店
网址：http: //jjkxcbs. tmall. com
北京季蜂印刷有限公司印装
710 × 1000　16 开　10 印张　150000 字
2022 年 11 月第 1 版　2022 年 11 月第 1 次印刷
ISBN 978 - 7 - 5218 - 4276 - 0　定价：40.00 元
（图书出现印装问题，本社负责调换。电话：010 - 88191545）
（版权所有　侵权必究　打击盗版　举报热线：010 - 88191661
QQ：2242791300　营销中心电话：010 - 88191537
电子邮箱：dbts@ esp. com. cn）

PREFACE

前言

美国财务会计准则委员会（FASB）和国际会计准则理事会（IASB）聚焦财务报告信息的决策有用性，大力推广公允价值的计量模式。同时，随着我国企业会计准则与国际会计准则的持续趋同，在短短十几年间，公允价值计量模式已经在我国 23 项具体会计准则中得到不同程度的运用。公允价值计量模式的理论研究和实务运用一直是国内外理论界和实务界争论的焦点和热点。

多年来，学术界针对公允价值计量模式的理论分析和实务运用问题进行了广泛而深入的讨论，但有关公允价值计量结果的可靠性和相关性等问题仍然没有得到一致认可，同时在实务操作中也遭到诸多质疑。因此，有关公允价值计量模式的研究需要突破现有研究框架，从会计源头出发，基于财务报告的基本目标和基本功能，研究公允价值计量信息的估值作用，讨论资产与负债的公允价值信息在财务报表内进行确认和列报的意义。

如前所述，虽然 FASB 和 IASB 基于财务报告信息的决策有用性，大力倡导以公允价值或现时价值为基本计量属性。但在现实情况下，难以观察到财务报告的使用者在进行相关决策时是否及如何对企业价值进行评估，更无从得知财务报表所提供的资产与负债的公允价值信息是否及如何对企业价值的估计过程产生影响，总之，资产与负债的公允价值信息对使用者决策的作用情况如同一个"黑箱"。但由于企业间的并购交易中需要对被并购企业价值进行评估，其中不仅借助专业的价值评估机构对被并购企业价值进行评估、出具评估报告，并且涉及并购方对被并购企业价值的判断。借助于并购业务过程中涉及的企业价值评估，我们尝试了解和探究公允价值信息在其价值判断过程中是否及如何发挥估值作用。因此，本书首先梳理了公允价值会计准则的发展过程及公允价值概念的演变，分析现行准则下在财务报表内确认公允价值信息可能存在的理论冲突与现实困境，然后以企业并购业务过程中被并购企业的价值评估环节为切入点，结合专业的企业价值评估机构和并购方对被并购方的企业价值评估过程，进一步讨论公允价值信息发挥估值作用的局限性，并运用理论分析、实证研究等方法，尝试研究以下问题。

第一，基于 FASB 和 IASB 倡导的公允价值计量模式，对资产与负债的公允价值信息的估值作用进行理论辨析，其中主要分析了财务报告信息的决策有用性与企业价值评估之间的关系、公允价值会计理念的主观期待与现实制约之间存在的矛盾及公允价值计量模式与会计核算体系之间可能存在的冲突，并根据公允价值计量模式发挥估值作用的现实困境进行了分析。借以讨论公允价值计量模式及财务报表的估值作用是否存在局限性、是否被高估及公允价值计量模式是否能够在财务报表内取代历史成本计量模式。

第二，选取企业并购过程中企业价值评估机构的价值评估视角，基于评估方法的选择和评估增值情况，研究专业的企业价值评估机构在评估企业价值时对企业财务报表信息的依赖程度，以及被并购企业对公允价值计量的运用水平是否影响、如何影响被并购企业的价值评估增值水平。并基于实证结果，讨论公允价值信息的估值作用及企业的单项资产（或负债）项目采用公允价值计量是否有助于专业的企业价值评估机构对企业整体价值进行估计。

第三，选取企业并购过程中并购方的价值评估视角，基于并购方对被并购方企业价值的判断与交易价格，研究被并购企业公允价值计量的运用水平是否会影响并购方对被并购企业价值的判断和并购交易价格的确定。并基于该实证结果，讨论被并购企业资产与负债的公允价值信息对并购方判断被并购企业的价值是否产生影响。

结合对上述问题的分析和实证检验，本书基于现行会计准则体系对公允价值信息的估值作用的理论期待，分析了公允价值理念的主观估值期望与财务报告体系的冲突、公允价值计量模式与会计核算体系之间的矛盾，以及现行公允价值会计规则的实施困境；同时，本书基于企业价值评估机构和并购方在并购交易中对被并购方的企业价值判断与评估，检验了资产与负债的公允价值信息的估值作用，丰富了关于公允价值信息的估值作用及并购交易方面的研究。本书的研究结论主要有如下四点。

第一，不论是公允价值理念中对于企业价值评估的主观期望与财务报告体系的基本特点之间，还是财务报表内对公允价值计量模式的运用与会计核算体系之间，都存在一定的矛盾。因此，公允价值会计规则与现行会计准则体系在理论上并不协调。在实务中，公允价值计量模式的估值作用的发挥也受到诸多限制，如公允价值计量涉及的概念较为复杂，其可理解性和可操作性均较低。

第二，在并购业务中，从评估机构执业人员对企业价值评估方法选择的视角发现，作为第三方的企业价值评估机构，在进行专业的企业价值评估过程中，并没有显著依赖于被并购企业的财务报表资料。在三种企业价值评估方法中，相较于收益法和市场法而言，资产基础法对于被并购企业财务报表资料的依赖程度更高。实证结果表明，被并购企业中财务报表内公允价值计量的运用水平与专业的企业价值评估机构对资产基础法的选择成反比。考虑到公允价值计量模式受环境不确定性影响较大，本书就环境不确定性程度对公允价值计量的运用水平与企业价值评估机构对企业价值评估方法的选择之间的调节作用进行检验，实证结果表明，环境不确定水平对两者之间起到负向作用，说明环境不确定水平确实对公允价值计量模式的估值作用的发挥起到抑制作用。

第三，在并购交易过程中，从评估机构执业人员对被并购企业的价值评估溢价视角进行研究的实证结果表明，当被并购企业财务报表中采用公允价值计量的水平越高，专业评估机构对企业价值的评估溢价率越高，这说明被并购企业财务报表中资产与负债的公允价值信息对专业评估机构的企业价值评估可能造成了一定的误导，导致评估机构的估值结果远高于被并购企业净资产的账面价值。考虑到环境不确定性对公允价值计量的准确度的影响和企业价值评估机构的行业排名对评估结果溢价水平的影响，在进一步研究中，关注环境不确定性和企业价值评估机构的行业排名，分别考察了这两个因素对被并购企业对公允价值计量的运用水平与专业评估机构对企业价值评估的溢价水平两者之间关系的调节作用。实证结果表明，环境不确定性加剧了两者之间的负相关关系，而评估机构的规模对两者之间的关系则有所缓解。此外，考虑到 2014 年实施的《关于印发〈企业会计准则第 39 号——公允价值计量〉的通知》（以下简称"CAS 39"）进一步规范了公允价值计量信息的披露，本书以 CAS 39 为外生事件进行双重差分检验。实证结果显示，CAS 39 关于公允价值计量模式的进一步规范，并不能明显降低被并购企业在财务报表中确认的公允价值信息对专业评估机构对企业价值评估的溢价水平。

第四，在并购交易中，从并购方对并购交易价格的确定视角进行研究的实证结果表明，当被并购企业财务报表中采用公允价值计量的水平越高，并购双方博弈产生的并购交易价格溢价率越高，这说明被并购企业财务报表中的公允价值计量信息对并购方对被并购企业的价值评估过程可能造成了误导，不利于并购方在并购交易价格博弈过程中把握主动权。进一步研究发现，被并购企业环境不确定水平的提高也对两者之间的关系产生了负面调节作用。

本书的创新之处主要有以下四个方面。

第一，现有文献关于公允价值计量模式估值作用的研究，多是以公允价值计量的价值相关性来间接说明，尚未有文献直接研究公允价值计量对企业价值评估产生的影响。既有文献多以权益资本市场上企业价值的信息结果——股票价格与股票报酬来间接代表企业估值的研究中可能存在的不足，本书对此进行了归纳和总结，并尝试选取专业评估机构和并购方对被并购企业价值的判断过程，直接研究公允价值计量与企业估值之间的关系。本书进一步推进了关于公允价值计量的估值有用性的研究。

第二，既有文献关于公允价值计量属性的研究较少考虑现实条件的约束，多基于会计规则的主观预期进行讨论。本书从源头上关注公允价值计量模式实现估值作用的逻辑基础与现实条件，进一步探讨了公允价值计量模式的估值作用的可能性和必要性，拓展了公允价值计量的相关理论研究，有助于恰当评价公允价值计量会计规则的合理性与有效性。

第三，本书检验了被并购企业公允价值计量模式的运用水平对专业评估机构和并购方的企业价值估计行为的影响，丰富了企业价值评估行为影响因素领域的研究。国内外文献中有关企业价值评估行为的研究多是从大股东操纵行为、业绩补偿承诺机制和高管特质等维度进行研究。本书关注了上市公司公允价值计量模式运用水平对企业价值评估机构及其行为产生的影响。

第四，本书检验了环境不确定性对公允价值信息与企业价值评估两者之间的调节作用，丰富了现有研究关于公允价值信息的估值作用及企业价值判断等领域的文献。

CONTENTS

目录

第 1 章 绪 论

1.1 研究问题与研究意义

1.1.1 研究问题

以美国财务会计准则委员会（financial accounting standards board，FASB）与国际会计准则理事会（international accounting standards board，IASB）为代表的两大权威准则制定机构基于决策有用的财务报告目标，大力推广在财务报表内使用公允价值计量模式对相关资产（或负债）项目进行计量。在会计准则国际趋同的大背景下，我国在 2007 年开始实施的新企业会计准则体系中引入公允价值计量模式，并将其运用到诸多具体会计准则中，使公允价值计量模式在会计准则体系中的使用范围不断扩大。截至 2020 年 12 月，我国企业会计准则体系中已有 23 项具体准则在不同程度上引入了公允价值计量模式，对相关资产（或负债）项目进行初始计量或后续计量。2014 年 7 月，财政部颁布《企业会计准则第 39 号——公允价值计量》（以下简称"CAS 39"），该准则是首个以计量方式为中心内容的具体会计准则，这表明我国在新企业会计准则体系中初步对公允价值计量模式的运用进行了详细规范（耿建新和郭雨晴，2020）。

在实务工作中，我国上市公司财务报表中公允价值计量模式的运用范围也在不断扩大。根据本书统计，2007～2019 年我国沪深 A 股上市公司中，使用公允价值计量模式的上市公司数量从 2007 年的 828 家发展到

2019 年的 2624 家，其中在 2018 年达到峰值 2719 家；上市公司财务报表中披露使用与公允价值计量相关会计科目的平均数量从 2007 年的 0.95 个上升到 2019 年的 1.56 个；以公允价值计量的资产和负债之和占总资产的比重从 2007 年的 3.90% 上升到 2019 年的 5.37%，上述数据充分说明我国上市公司财务报表中有关公允价值计量模式的运用范围和运用程度均有大幅提升。①

从 2007 年我国采用新企业会计准则起，截至 2022 年我国企业会计准则体系中引入公允价值计量属性已经经过了 15 个会计年度，会计理论界和实务界对公允价值计量属性一直保持着高度关注和讨论。既有文献有关公允价值计量属性的研究，主要集中于公允价值信息的价值相关性、表内列报公允价值计量信息引起的会计盈余波动和盈余管理等经济后果领域。

根据 2010 年 FASB 和 IASB 联合发布的财务报告概念框架中的推演分析，两大权威准则制定机构是基于财务报告的决策有用目标，倡导在财务报表内引入公允价值计量模式。具体而言，在决策有用观的指导下，FASB 和 IASB 认为在财务报表内采用公允价值计量的基本逻辑是：财务报告应当为使用者提供决策有用的信息；财务报告的主要使用者为企业资源提供者，即现实的和潜在的投资者与债权人（FASB，2010），而股票和债券的买卖、持有决策是现实的和潜在的投资者与债权人是否向企业提供资源的重要决策之一，与之最相关的信息为企业价值信息，如 IASB 在《财务报告概念框架》（2018）第一章"通用目的财务报告的目标"中指出，"通用目的财务报告之设计意图并非展现报告主体的价值，但财务报告所提供的信息，有助于现实的和潜在的投资者、贷款人和其他债权人估计报告主体的价值"。② 因此，为了满足主要使用者的决策信息需求，财务报告应当提供估计报告主体价值的相关信息，这就要求财务报告提供的信息应当面向未来，而且应当尽可能及时充分地确认交易和其他事项对要素的影响，要求在财务报表中尽可能地按照公允价值进

---

① 资料来源：数据系笔者根据国泰安数据库下载的企业财务报表整理得到。
② 资料来源：国际会计准则理事会（IASB）在 2018 年公布的《财务报告概念框架》。

行计量（IASB，2018；毛新述等，2019）。简而言之，FASB 和 IASB 认为，在财务报表内列报的公允价值信息具有估值有用性。

然而，公允价值计量模式的实务推行过程却不如权威准则制定机构的理论推演顺利，遭到了实务界的诸多反对。即便准则制定机构多次对公允价值计量属性进行补充和修改，但仍旧不能从根本上切实提高公允价值计量信息的可靠性，也无法平息实务界对公允价值计量属性的质疑。而在实践中，投资者和债权人的决策过程往往无法观测，外界无从得知投资者和债权人是否运用公允价值计量信息进行企业价值评估，以及是否运用企业价值评估的结果进行相关决策。已有文献关于表内列报的公允价值计量信息的估值有用性的研究，大多通过测度财务报表内列报的公允价值计量信息与权益资本市场的公司价值信息结果——股票价格（或股票报酬率）的关系来间接说明表内列报的公允价值计量信息是否具有估值作用，较少有研究直接关注上市公司财务报表内列报的公允价值计量信息对企业整体价值评估是否及如何产生影响。

由此，我们不得不思考，财务报表内列报的公允价值计量信息为什么会引起实务工作者的质疑？其可能的原因有以下三点：第一，基于 FASB 和 IASB 的推演分析，表内列报的公允价值计量信息的估值有用性是通过影响投资者的决策来实现的，但投资者的决策并不一定与企业价值评估相关。不论是投资者的决策过程是否一定涉及企业价值评估，还是投资者的企业价值评估是否一定与财务报表内列报的公允价值计量信息紧密相连，目前都仅限于准则制定机构的理论推演，尚未得到实际证据的验证和支持。第二，采用公允价值计量模式对企业的单项资产（或负债）项目进行计价，并不一定能有效提高对企业整体价值的估计。假设在财务报表内扩大公允价值计量模式的使用范围，对企业的全部资产（或负债）项目均采用公允价值计量，由此加总企业资产负债表中列示的各项资产（或负债）项目的公允价值也不能完全代表企业价值。在现实决策情形下，对企业价值的估计并不等同于汇总各项以公允价值计量的单项资产（或负债）项目的金额。如果试图机械地汇总企业的单项资产（或负债）项目价值来衡量企业整体价值，则不仅忽视了企业人力资本创造的价值增值，也低估了企业各项资产（或负债）项目之间因协同作用带来的价值增值。第三，公允价值理念及其计量模式与财务报告体系及会计核算体系之间存在矛盾。如公允价值理念以假设交易事项为基础，而财务报表以反映过去已发生事项为基本特点；公允价值计量模式在计量日根据市值对企业资产（或负债）项目价值的估计和调整可能会与会计核算体系相冲突。

基于前文所述的分析与思考，可将本书的研究问题进行如下概括。

（1）从公允价值理念的理论期待及公允价值计量模式的特点出发，对公允价值理念与公允价值计量模式之间的差距、公允价值计量模式与财务报告体系及会计核算体系之间可能存在的矛盾进行理论分析，并梳理公允价值会计规则的主观期望受现实条件的制约情况，据以辨析公允价值计量信息的估值作用的现实局限性，以及公允价值会计信息是否适合以公允价值计量模式取代历史成本计量模式的方式在财务报表内进行列报。

（2）选取企业并购过程中价值评估机构视角，基于其价值评估过程中评估方法的选择和评估增值情况，研究被并购企业财务报表内列报的公允价值计量信息是否会对专业评估机构的企业价值评估过程产生影响。并基于实证结果，讨论公允价值计量信息的估值作用和被并购企业财务报表内单项资产（或负债）项目的公允价值计量信息是否有助于专业评估机构对被并购企业整体价值进行估计。

（3）选取企业并购过程中并购方视角，基于并购方对被并购方企业的价值判断过程及最终的交易价格，研究被并购企业财务报表内列报的公允价值计量信息是否会影响并购方对被并购企业价值的判断和并购交易价格的确定。并基于该实证结果，讨论公允价值计量信息的估值作用和被并购企业财务报表内单项资产（或负债）项目的公允价值计量信息是否有助于并购方对被并购企业整体价值进行估计。

1.1.2 研究意义

1. 理论意义

目前学术界研究公允价值的相关文献浩如烟海，但关于财务报表内列报公允价值计量信息的理论价值并没有得到学者们的一致认可，公允价值计量模式在会计实务处理过程中遇到的困难也尚未得到妥善处理。因此，非常有必要从源头上展开对表内列报公允价值计量信息及其估值作用的深入研究。本书尝试基于公允价值理论期望及公允价值计量模式的基本特点进行理论分析，并选择可观察的并购交易过程中的企业价值判断视角，借助专业的价值评估机构和并购方对被并购方的企业价值判断过程，就被并购企业财务报表内的公允价值计量信息的估值作用进行实证检验，尝试深入讨论公允价值计量信息的估值有用性。

与前人研究相比，本研究的贡献主要体现在以下三个方面。

第一，本研究基于公允价值理念及公允价值计量模式与财务报告体系和会计核算体系之间可能存在的冲突与矛盾进行理论分析，说明财务报表内列报的公允价值计量信息在估值方面可能存在局限性。强调了财务报表和会计核算体系的基本功能与特点，说明了现行企业会计准则体系可能存在高估财务报表估值作用的可能性，有利于后续会计改革过程中对会计准则体系的优化，对其有增量贡献。

第二，本研究从专业的价值评估机构和并购方对被并购方进行企业价值判断的视角，关注公允价值计量信息发挥估值作用的情况。现有文献关于公允价值计量信息估值有用性的研究多集中于公允价值计量信息的价值相关性或对分析师盈利预测等，鲜有文献从价值评估机构和并购方的视角观察公允价值计量信息的估值作用。

第三，本书丰富了企业价值判断影响因素的相关研究。已有的国内外文献多是从大股东操纵行为、业绩补偿承诺机制、高管特质等维度探究企业价值评估行为的影响因素。本书研究被并购方财务报表内的公允价值计量信息对企业价值评估的作用，拓展了企业价值判断领域的研究内容。并在此基础上，进一步考察了价值评估机构的行业排名和外部环境不确定性在其中的调节作用。

2. 现实意义

目前，公允价值计量模式已经在我国企业会计准则体系中得到较为广泛的运用。但在实务操作中面临的难题并没有随着公允价值计量模式的逐渐推广而日渐消弭，反而越来越困扰实务工作人员，如公允价值计量估值难度大、相关数据不易获取、易被管理层操纵等。2014 年由证监会出台的《上市公司重大资产重组管理办法》指出，在上市公司并购过程中，并购方不仅自身需要对被并购方的企业价值进行判断，还需要借助专业的价值评估机构，对被并购企业的企业价值进行评估。因此，借助价值评估机构和并购方对被并购方企业价值的评估过程，可以帮助我们观察专业的价值评估机构和并购方对被并购方财务报表内的公允价值计量信息的利用情况，了解被评估方财务报表内列报的公允价值计量信息是否及如何影响企业价值评估。对财务报表内列报的公允价值计量信息的估值有用性是否存在局限性进行检验，具有一定的现实意义。

1.2　研究内容与研究目标

在各国会计准则逐渐向国际会计准则趋同、以 FASB 和 IASB 为代表的权威准则制定机构大力推行在报表内使用公允价值计量模式的大环境下，公允价值计量模式在会计准则体系中的使用范围和影响均日益扩大。公允价值计量模式是否能够适应各个国家或地区的市场环境和具体的会计实务过程，相关准则制定机构对公允价值信息的估值作用的主观期待是否能够实现，公允价值计量模式与会计核算体系之间是否存在矛盾和冲突，专业的价值评估机构和并购方在进行企业价值评估的过程中是否及如何受财务报表内列报的公允价值计量信息的影响，这些问题尚未得到解答，均有待于进一步研究。

本研究试图通过理论分析与实证检验等研究方法，深入剖析与系统梳理财务报表内列报公允价值计量信息的理论争议与现实困境，从专业价值评估机构和并购方对被并购企业价值的判断过程，探讨表内列报的公允价值计量信息的估值作用，考察其他现实因素，如评估机构异质性和外部环境不确定性等，对公允价值计量信息的估值作用产生的影响。在此基础上，评价我国现行企业会计规则关于公允价值计量信息的估值作用的主观期待是否具有必要性和可能性，为我国后续会计改革和企业会计规则优化提供建议与证据支持。

1.3 相关概念的界定

本书研究的是从企业价值评估视角探究公允价值计量信息的估值有用性，因此在研究之前，需要对公允价值、估值有用性和企业价值评估相关概念进行界定，以明确研究范围，避免误解。

1.3.1 公允价值

最早对公允价值有确切记载的是美国注册会计师协会（american institute of certified public accountants，AICPA）的穆尼茨（Moonitz）编写的第一号会计研究公告（ARS No. 1）提到了与公允价值相类似的概念，当时的表述为"合理价值（sound value）"（葛家澍，2007）。他认为市场经济要以市场价格作为计量基础，在市场中进行价值交换只能以包括公允价值在内的市场价格作为基础。随着经济环境的变化、经济业务的多样化和有关会计准则制定机构的大力推行，公允价值作为一种会计计量属性，逐渐在全球范围内传播和使用。

虽然目前各准则制定机构对公允价值的定义已经得到基本统一，但公允价值在其发展过程中存在诸多定义。据相关材料显示，美国会计准则中，第一次有关公允价值的记录大约在20世纪60年代。美国会计原则委员会（accounting principles of board，APB）在1967年发布的《会计原则委员会意见书第10号：汇总意见》（APB Opinions 10），其中规定企业使用现值法需要对其应付债务加以摊销，这在一定程度上表达出公允价值计量的思想。而FASB成立以来首次推行与公允价值有关的会计准则，是FASB在1975年推出的第12号财务会计准则《某些可交易证券的会计处理》（以下简称"SFAS 12"），该准则提出企业对其拥有的可变现类普通证券使用公允价值进行计量。随后，伴随着美国经济环境的不断变化，公允价值计量在美国的研究和运用虽然一直发展，但同时也饱受争议，并非一帆风顺。目前普遍认为，FASB发布的有关公允价值计量的第157

号财务会计准则《公允价值计量》（以下简称"SFAS 157"）和第159号财务会计准则《金融资产和金融负债中的公允价值计量选择权》（以下简称"SFAS 159"）这两项准则对企业的影响最大。其中SFAS 157中对公允价值计量的定义为：是有序交易的市场中交易双方出售资产所收到或者清偿债务所支出的金额。

与此相类似，公允价值计量在国际会计准则中的运用与发展也不是一蹴而就的。从20世纪70年代国际会计准则委员会（international accounting standards committee，IASC）发布的IAS 1《财务报表的列报》、IAS 2《存货》和IAS 11《建造合同》中开始不同程度地引入公允价值计量模式开始，虽然经历了诸多质疑，但是公允价值计量已经逐渐成为国际会计准则中一种主要的计量模式。IAS 32《金融工具：披露和列报》中关于公允价值的阐述是：在公平交易中，熟悉情况的当事人自愿据以进行资产交换或债务清偿的金额。

相比于美国会计准则和国际会计准则，我国会计准则中有关公允价值的应用较晚。公允价值计量模式在我国会计准则中的运用经历了"先用再弃，弃而再用"的波折历程。首次引入公允价值是在1998年由财政部推行的《企业会计准则——债务重组》中，同时该准则指明，企业在将非现金资产用于清偿债务或是以债务转为资本时，债务方应当以其债务的公允价值作为转换后资本的入账价值，这一规定象征着我国企业会计准则中开始对公允价值概念加以应用。但鉴于当时我国的经济发展水平有限，资本市场环境也不成熟，市场交易频率不高，同时有关资产或负债项目的价值估计技术不完善，难以获取相关资产的准确价值，导致相关资产或负债项目的公允价值确定过程中包含的主观判断较多，可能会为部分上市公司利用公允价值计量粉饰企业报表数据提供了机会，因此财政部在2001年对涉及公允价值计量的具体准则加以修订，中止了对公允价值计量的使用，强调基于账面价格对相关业务进行处理。

随着我国资本市场的进一步完善和发展，财政部在2006年初实施的新会计准则中重新引入了公允价值计量属性，这也是新准则中较为显著的变化之一。在新会计准则体系中，财政部明确将公允价值计量属性划归成五大基本计量属性之一，自此，公允价值计量属性开始逐渐进入各项具体准则中。此时，有关公允价值的阐述如下：在公平交易下，资产和负债按照熟悉情况的交易双方自愿进行资产交换或债务清偿的金额计量。随着我国会计准则逐渐与国际会计准则趋同，2014 年 1 月 26 日颁布实施的 CAS 39《公允价值计量》中明确规定，"公允价值指的是市场参与者在计量日发生的有序交易中，出售一项资产所能收到或者转移一项负债所需支付的价格"。① 我国对公允价值的定义与 IASB 发布的 IAS 32《金融工具：披露和列报》对公允价值的定义相似。

1.3.2 估值有用性

现代企业财务报告信息包括财务报表内信息及表外披露信息，财务报表内信息指的是由会计主体编制的四张财务报表向各利益相关者传达的信息，表外披露信息指的是由报表附注说明或财务分析说明向企业外部传达的信息。目前，以 FASB 和 IASB 为代表的会计准则制定机构发布的财务报告概念框架中，均强调将财务报告的主要目标定位为"决策有用"，将"受托责任"定位为财务报告的二级目标。

在"决策有用"的目标定位下，准则制定机构强调财务报告提供的会计信息要能够便于外部使用者进行经济决策。根据 FASB 和 IASB 联合发布的财务报告概念框架，认为财务报告主要是为"缺乏权力"的使用者提供信息，即现实或潜在的债权人和投资者。换言之，权威准则制定机构认为企业提供的财务报告信息应当与使用者的决策相关，而使用者主要包括现实的或潜在的债权人和投资者，即财务报告信息应对现实或潜在的债权人与投资者具有相关性。对于债权人而言，与其决策最为相关的是债务契约中有关财务指标目标的约定及其条款的订立，即从债权人角度来看，财务报告能够提供的有用信息是与其订立债务契约相关的信息。而对于投资者而言，买卖公司股票的投资决策是其重要决策之一，与之紧密相关的就是对企业价值进行估计，需要与企业价值有关的信息，

① 资料来源：财政部发布的《企业会计准则第 39 号——公允价值计量》。

帮助其判断企业股票价值的未来趋势。

综上所述，财务报告的决策作用体现在为现实或潜在的债权人和投资者对企业价值进行评估与判断。因此，在财务报告决策有用观下，财务报告信息对其使用者的"决策有用"主要体现为对企业价值估计的估值有用性。

1.3.3 价值评估

价值评估行业伴随着商品经济的发展而逐渐兴起。产权转移与受托责任的解托等业务的产生与发展催生了价值评估行业的兴起与蓬勃发展。15～16世纪时，伴随着商业资本的发展，商品生产和商品交换逐渐成为社会经济生活的主体，等价交换的市场基本准则要求合理评价商品价值，有力地刺激了价值评估业务的社会需求与发展，价值评估机构应运而生。不过，这个阶段的价值评估业务并不专业，具有明显的直观性和偶然性，相关估值业务的开展基本上来源于评估人员的个体经验。

根据相关资料记载，200多年前在英国和美国等国家开始逐渐出现了较为专业的评估人员及相关组织。1792年成立的英国测量师协会是目前已知的世界上第一个评估业的专业团体，也标志着价值评估已经发展成为一个行业，价值评估进入到专业化的全新阶段。

近年来，伴随着企业并购交易活动的不断增多，对目标企业进行价值估计的专业组织也受到了更多关注。作为专业的价值评估机构，评估机构采用科学合理的方法对目标企业价值进行判断与评估，从第三方角度对目标企业的股权和资产公正地做出价值判断，尽力克服交易双方不对称和主观认识的局限性，帮助并购双方不断发现价值源和价值驱动因素，为并购交易价格的确定提供客观基础和重要参考。

1.4 研究思路与框架

1.4.1 研究思路与方法

本书同时采用规范研究和实证检验两种研究方法开展研究。采用规范研究对公允价值理念与财务报告体系、公允价值计量模式与会计核算体系之间的矛盾进行理论辨析，讨论公允价值是否适合以计量属性的形式进入会计核算体系，并将其变动情况在财务报表内进行确认和列报，分析会计实务工作中采用公允价值计量模式计量单项资产（或负债）项目价值的现实困境，探讨公允价值计量信息发挥估值有用性过程中可能存在的局限性。在实证研究部分，基于我国上市公司的并购交易活动中价值评估机构和并购方判断被并购方企业价值的行为，对被并购企业财务报表内采用公允价值计量是否及如何影响价值评估机构的评估方法选择、企业价值评估溢价率和并购方的并购溢价率进行检验，探讨被并购企业财务报表内列报的公允价值计量信息是否及如何影响专业评估机构和并购方的企业价值判断过程，是否具备和发挥企业价值评估优势。

1.4.2 文章的结构安排

全书共八个章节，本书的研究工作从层次上分为基础研究、理论分析、实证检验及政策建议四个部分，研究框架如图 1 - 1 所示。

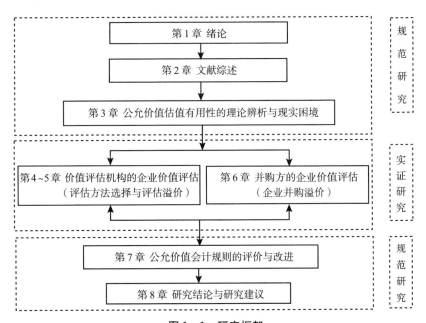

图 1 - 1　研究框架

在基础研究部分，本书首先对此次研究的研究背景、研究问题以及研究框架进行介绍，其次从公允价值会计的估值有用性、财务报告的估值有用性以及企业价值评估相关研究三个方面对已有研究进行回顾和评述。在理论分析部分，此次研究分为两个部分进行分析，第一部分对公允价值估值有用性进行理论辨析，分别从财务报告信息的决策有用性是否必然与企业价值评估相关联、公允价值理念的估值作用与财务报告体系及公允价值计量与会计核算体系之间存在的冲突和矛盾进行分析。第二部分对公允价值计量模式发挥估值作用可能存在的现实困境进行理论分析。在实证检验部分，此次研究分别从公允价值计量与企业价值评估方法选择、企业价值评估溢价率及企业并购溢价三个方面进行实证检验。最后，在前述研究基础上对公允价值计量规则提出优化与改进方案，并在总结前述研究结论的基础上，总结出全书的主要研究结论并提出本书的后续研究设想。

本书共有 8 章，各章节的具体内容的简述如下所示。

第 1 章　绪论。本章首先对研究问题与研究意义进行介绍，其次对研究内容与研究目标进行概括总结，再次对研究对象公允价值计量的估值有用性研究中涉及的相关概念予以界定和解释，最后对研究思路、研究方法、研究创新等进行总结和说明。

第 2 章　文献综述。本书分别从公允价值会计的估值有用性、财务报告的估值有用性以及企业价值评估相关研究三个方面对现有研究进行整理、评述和总结。首先，从已有文献中有关公允价值会计价值相关性的研究进行整理，说明已有研究中对公允价值计量及其估值作用的研究思路与结论，分析其中存在的局限性与不足。其次，基于准则制定机构对公允价值计量模式具有估值作用的这一主观期待，深入分析其深层原因，对已有文献中有关财务报表估值作用的研究进行分析。最后，结合此次研究内容，对影响专业评估机构和并购方对企业价值判断过程产生影响的相关因素进行梳理和总结。

第 3 章　公允价值估值有用性的理论辨析与现实困境。公允价值计量估值作用的理论辨析主要从财务报告信息的决策有用性与企业价值评估的关系、公允价值理念与财务报告体系的冲突，以及公允价值计量模式与会计核算体系之间的矛盾来阐述，在公允价值计量发挥估值作用的现实困境部分，主要列示了公允价值计量概念混乱、实施条件高和计量结果复核难度大三个方面，以方便后续相关章节进行进一步讨论。

第4章　公允价值计量与企业价值评估方法选择。实证检验公允价值计量对企业价值评估方法选择的影响及其影响机制分析。

第5章　公允价值计量与企业价值评估溢价。实证检验公允价值计量对企业价值评估溢价的影响及其影响机制分析。

第6章　公允价值计量与企业并购溢价。实证检验公允价值计量对企业并购溢价的影响及其影响机制分析。

第7章　公允价值会计规则的评价与改进。本章从公允价值会计规则的成本效益分析与评价和公允价值会计规则的改进两个方面开展，在对现行公允价值会计规则进行成本效益分析与评价的基础上，对现行公允价值会计规则提出优化建议。

第8章　研究结论与研究建议。首先，对此次研究前述章节的主要研究结论进行总结；其次，就此次研究中可能存在的局限性进行说明，并就后续可能的研究内容加以介绍。

1.5　研究创新

本书的创新主要体现为以下四点。

第一，现有文献关于公允价值计量模式的估值作用的研究，多是以公允价值计量的价值相关性来间接说明，尚未有文献直接研究财务报表内列报的公允价值计量信息对企业价值评估产生的影响。既有文献多以权益资本市场上企业价值的信息结果——股票价格与股票报酬——间接代表企业估值，并开展相关研究，本书对其中可能存在的不足进行了归纳与说明，并尝试选取专业的价值评估机构和并购方对被并购企业价值的判断过程，直接研究公允价值计量与企业估值之间的关系。本书进一步推进了关于公允价值信息的估值有用性的研究。

　　第二，既有文献关于公允价值计量信息的估值作用的研究较少考虑现实条件的约束，多基于会计规则的主观预期展开讨论。本书强调从现实条件出发，在考虑表内列报公允价值计量信息发挥估值作用的可行性和必要性的基础上，关注公允价值计量模式实现估值作用的逻辑基础与可能性，拓展了公允价值计量信息的估值作用的相关研究，有助于恰当评价公允价值计量会计规则的合理性与有效性。

　　第三，本书检验了公允价值计量信息对专业价值评估机构和并购方的企业价值估计行为产生的影响，丰富了企业价值评估行为影响因素的相关研究。国内外文献中有关企业价值评估行为的研究多是从大股东操纵行为（徐玉德和齐丽娜，2010；崔婧和杨思静，2017；叶陈刚等，2018）、业绩补偿承诺机制（翟进步等，2019）和高管特质（赵毅和张双鹏，2020）等维度进行研究。本书关注了上市公司公允价值计量模式运用水平对价值评估机构及并购方的企业价值评估行为产生的影响。

　　第四，本书检验了环境不确定性对公允价值计量信息与企业价值评估两者之间的调节作用，丰富了现有研究关于公允价值计量信息的估值作用以及企业价值判断等领域的文献。

第 2 章　文献综述

2.1　公允价值会计的估值有用性研究

2.1.1　公允价值会计的价值相关性

沿用霍尔特豪森和沃茨（Holthausen & Watts，2001）的定义，公允价值会计的价值相关性研究是指股票价值（价格）或其变化与公允价值会计数据之间的联系。从现有文献来看，学术界有关价值相关性的研究起源较早，与之有关的研究内容最为丰富、全面。根据准则制定机构的逻辑推演与会计准则的理论期待，财务报表内列报的公允价值计量信息应当比历史成本计量信息更具有决策相关性。然而现有文献的研究结果差异较大，公允价值会计规则对公允价值计量信息发挥估值作用的主观期待能否在目前的现实条件下实现尚未可知。

一方面，从价值相关性角度看，有研究提出历史成本计量明显优于公允价值计量。如比弗和兰德曼（Beaver & Landman，1983）通过研究表明，相较于以重置成本得到的收益，以历史成本计量得到的收益的价值相关性更高；同时，对于解释上市公司权益的市值时，哈里斯和奥尔森（Harris & Ohlson，1987）与马廖洛（Magliolo，1986）以石油和天然气类上市公司为例，发现账面价值的解释力远高于估值信息的解释力；比弗和瑞安（Beaver & Ryan，1985）、伯纳德和鲁兰（Bernard & Ruland，1987）及巴思和克林奇（Barth & Clinch，1998）等学者的研究结果均表明历史成本具有更强的价值相关性。但另一方面，也有研究强调公允价值计量信息对股价具有较强的解释能力，如贝尔（Bell，1983）证实股价收益与石油天然气公司公允价值的信息披露正相关；布勃利茨等（Bublitz et al.，1985）、默多克（Murdoch，1986）、理查德等（Richard et al.，2000）和卡罗尔等（Carrol et al.，2002）也发现公允价值计量信息具有很强的解释能力，且认为此前相关研究之所以得不到的公允价值计量信息与股价之间存在相关性关系，是因为此前研究中使用的计量模型存在错误。

但在修改研究使用的计量模型错误和关注计量误差后，后续有关公允价值计量信息的价值相关性研究也并未得到统一结论。如鲁滨逊和邦顿（Robinson & Burton，2004）借助有关职工股票期权费用的会计核算政策变更的研究机会，以政策变更期间自愿选择公允价值计量模式进行度量的企业为样本，分析和探讨企业采用公允价值计量对其股票价格的影响，结果发现样本公司公允价值计量模式的应用与其股价具有显著的价值相关性，且具有良好的解释能力；但汉恩等（Hann et al.，2007）以1995~2002年美国上市公司数据为样本，研究采用公允价值计量模式计算的退休金费用是否具有价值相关性，实证结果表明，无论是资产负债表还是利润表，以公允价值计量的养老金会计均不具有明显的价值相关性。与此同时，也有研究认为，公允价值计量信息与历史成本计量信息的价值相关性没有显著差异。如库拉纳和金（Khurana & Kim，2003）以1995~1998年的银行业公司为样本，发现在价值相关性方面，公允价值计量信息和历史成本计量信息两者之间没有显著差异。

同样地，以我国上市公司数据为样本，有关公允价值会计的价值相关性研究也尚未得到统一结论。一方面，部分文献支持公允价值计量信息具有价值相关性，如张烨和胡倩（2007）的实证结果表明我国B股上市公司采用公允价值会计计量具有价值相关性；朱凯等（2008）和叶建芳等（2009）基于沪深A股上市公司样本的实证结果也同样支持上述结果；同样，郭立田和徐丽（2009）选取制造业公司为样本，实证结果也表明公允价值计量模式的运用确实能够增加会计信息的价值相关性。王玉涛等（2009）、刘永泽和孙嚣（2011）与黄霖华和曲晓辉（2014）等学者基于不同研究样本所得到的数据结果均得到类似结果，支持上述结论。且王玉涛等（2009）的数据结果指出，公允价值计量带来的增量价值相关性可能来源于可供出售金融资产公允价值变动产生的未实现损益。而由于公允价值计量输入值层次不同，公允价值计量结果的可靠性差异较大，如白默和刘志远（2011）发现，采用第一级输入层次计量得到的公允价值盈余在公允价值变动损益中的占比与其会计盈余的价值相关性两者之间呈显著的正比例关系。与此同时，邓永勤和康丽丽（2015）的研究结果也显示，公允价值计量资产的价值相关性随着公允价值输入层次的降低而降低。进一步地，薛倚明和张佳楠（2012）的研究结果指出，上市公司中公允价值计量模式使用程度的提高明显提升了其每股净资产指标和每股净利润指标对其股票价格的相关性。

但另一方面，也有研究指出公允价值计量信息的价值相关性具有局限性。如邓传洲（2005）以 B 股上市公司为样本，发现投资类资金（包括交易类投资和可供出售投资）的公允价值调整额并不具有增量价值相关性，而公允价值损益调整虽然具有增量的价值相关性，但其增量幅度较小。其实证结果表明，投资者更加关注会计收益，对投资类资金的账面价值未予以足够的重视。笔者分析提出，公允价值计量结果产生误差的源头可能是公允价值信息的来源或管理操纵，但由于投资者能够有效识别和看穿，因而对调整额只给予有限的关注，该研究表明，公允价值计量信息虽然在一定程度上能提高会计信息的解释能力，但是投资者对其计量可靠性仍存有较大怀疑。当然，由于该研究的样本具有特殊性，因此该研究的结论无法向外进行普遍推及。

与此同时，学者们研究发现公允价值计量模式的价值相关性还具有诸多异质性表现，如行业异质性、资产类型异质性、公司上市类型异质性和环境异质性等。如王建玲等（2008）发现公允价值计量信息的价值相关性并非普遍存在，具有行业异质性，其研究结果表明，公允价值计量信息仅对金融保险行业的会计盈余信息具有价值相关性，对建筑房地产公司的会计盈余的价值相关性影响却不显著。在企业资产项目类型异质性方面，徐虹（2008）采用对比研究的方法，重点分析和比较交易性金融资产和可供出售金融资产两个不同类别的资产项目，观察其在 2006

年前后提供的信息含量是否发生显著变化，并对比分析了公允价值计量信息采用表内列报和表外披露的区别，以期对我国新准则中引入公允价值计量模式的增量意义进行讨论。研究结果表明，对于交易性金融资产（即流动性资产）而言，不论是以表内列报还是表外披露，均提供了增量信息；而对于可供出售金融资产（即非流动性资产），两种披露方式均未提供增量信息。路晓燕（2008）借助于2006年新会计准则的契机，实证考察了2006年企业对外公布的金融资产公允价值变动调整额与股票收益之间的关系，数据结果显示，未发现两者之间存在明显的统计性关系。而在企业是否为上市公司方面，刘斌和徐先知（2009）发现公允价值计量的价值相关性与企业是否为上市公司有显著关系，其研究发现在股权投资项目中，当被投资对象为上市公司时，公允价值计量模式的价值相关性显著提高。与此同时，相关研究结果表明公允价值计量信息的价值相关性效果不稳定或不存在，如王建新（2010）的研究显示，公允价值信息具有增量信息，但其效果容易受到资本市场环境的影响。同时，结果显示在新会计准则实施后，净资产与股票价格的相关系数要远远小于净利润与股票价格的相关系数，这说明投资者仍然更加关注利润表，资产负债表观并没有得到有效体现。而罗婷等（2008）以我国实施新会计准则的2006年度为界，对其前后两年的上市公司季度报表进行对比研究，结果表明实施新会计准则后，财务报表中会计信息整体的价值相关性明显提高，但其中的公允价值计量信息的实施效果未定。姜东强（2008）为进一步确定公允价值计量属性的信息含量，采用随机抽样的方法得到93家A股上市公司的第三季度报表为样本，以事件研究法进行研究，发现投资者对于公允价值计量模式的关注来源于其对会计盈余的贡献是否为正，而对于是否采用公允价值计量模式没有特别关注。叶康涛和成颖利（2011）从审计角度出发，就公允价值计量模式运用与审计质量之间的关系进行探讨，结果发现上市公司披露的公允价值信息在一定程度上具有价值相关性，且"四大"①能进一步提高公允价值信息的价值相关

---

① "四大"是指四大国际会计师事务所，即德勤、普华永道、毕马威和安永。

性，但无法提高公允价值损益的价值相关性。

而有关公允价值信息的价值相关性的影响因素的研究表明，诸如控股股东控制权比例、投资者情绪、信息环境、投资者异质信念、公允价值信息列报位置等因素均会影响公允价值计量信息价值相关性的发挥。在控股股东控制权比例方面，黄霖华等（2015）的研究发现控股股东的控制权比例对公允价值信息的价值相关性具有明显的消极影响。即控股股东控制权比例越高，控股股东越有可能利用公允价值计量的自由裁量权来谋求自身私利，导致公允价值信息的价值相关性降低。在投资者情绪方面，曲晓辉和黄霖华（2013）的研究表明，短时间窗口中投资者情绪对于 PE 公司 IPO 时的公允价值信息含量具有明显影响，发现两者之间显著正相关。同时，黄霖华等（2015）发现，投资者情绪在可供出售金融资产公允价值变动的增量信息含量方面表现明显，两者之间存在显著的正向关系。在信息环境方面，王治（2011）、王治和张传明（2013）考虑到信息环境的影响，对公允价值信息与股价两者之间的关系进行实证研究，数据结果表明信息环境会影响公允价值信息对股票价格的解释力大小产生显著影响，并提出不同信息环境下的投资者信念是影响价值相关性的主要原因。在有关公允价值信息列报位置影响公允价值计量的价值相关性的相关研究中，国外研究发现公允价值计量信息的不同列报位置会影响公司价值判断（Hirst et al.，2004；So & Smith，2009）。基于国内资本市场的检验也有类似发现，如谭洪涛等（2011）发现股市过度反应与利润表中列示的公允价值变动损益显著相关。徐经长等（2013）的研究也显示出公允价值变动在利润表中"其他综合收益"项目列示和在股东权益变动表列示时呈现出的价值相关性明显不同，前者的价值相关性明显优于后者。

2.1.2 公允价值会计与会计盈余波动

除了价值相关性，公允价值计量模式对于会计盈余波动性的影响也显著降低了财务报表使用者对企业盈利情况的预测和企业价值的估计，加之金融危机的爆发加剧了公众对公允价值会计加大金融风险水平的指责，因此，公允价值会计对市场波动影响的研究也受到学术界的普遍关注。如格布哈特等（Gebhardt et al.，2004）以公允价值计量模式使用范围不断扩大为背景，模拟了扩大公允价值计量模式后银行业企业资产负债表的变动情况。结果表明银行业企业应用混合计量模式时，企业盈余波动性水平明显提高，即便进行套期保值操作也无法完全消除。2004 年，欧洲央行在这一研究的基础上进行了深化研究，模拟了各种风险水平下银行业企业盈余的波动水平，发现公允价值模式运用范围的扩大会明显增加银行业企业盈余的波动性，对企业的危机应对能力有明显的负面影响。桑（Song，2008）则针对 SFAS 159 赋予上市公司公允价值选择权的这一规定是否会降低企业盈余波动性的问题加以检验。数据结果表明，企业季度利润数据的波动性水平并没有随企业公允价值计量模式选择权的变动而出现明显变化。普兰丁等（Plantin et al.，2008）研究表明，公允价值计量模式的运用增大了盈余波动性，加剧了金融业的系统性风险。阿纳比拉（Anabila，2010）通过对比研究 1970 年前后 40 年银行业企业的净资产收益率指标的变化情况，发现该指标的波动性在 1970年后 40 年的变化明显提高，这在一定程度上说明公允价值计量模式的运用明显提高了银行业企业利润的波动性，同时也说明计量模式的变更对企业利润的影响持续增大。胡奕明和刘奕均（2012）的研究指出，上市公司股票市场波动率随公允价值会计信息的增加而增加，且谭洪涛等（2011）发现公允价值变动损益的增加容易引起上市公司股价的过度反应。黄静如（2012）的研究结果也发现银行业企业拥有公允价值选择权后，导致银行业企业盈余的波动水平明显提高。李增福等（2013）就公允价值变动信息在财务报表中的列报位置产生的市场反应进行研究，发现列报位置的不同会引起截然不同的市场反应。具体而言，当公允价值变动信息同时在资产负债表中的"资本公积"项目和利润表中的"其他综合收益"项目中进行列示时，会导致市场发生强烈反应，而当这一信息仅在"资本公积"项目进行披露时，则不会导致市场出现明显反应；当这一信息仅在"其他综合收益"项目列示时，则会引起过度市场反应。

2.1.3 公允价值会计与盈余管理

考虑到市场的不完美状况，我们应当充分认识到在采用公允价值计量模式计量确定计量结果的过程中，可能受到管理层主观判断和估计的干扰。采用公允价值计量模式核算企业的资产（或负债）项目的价值时，受到的主观干扰越多、盈余管理水平越高，越不利于财务报表使用者对相关项目价值进行估值和判断。从利益机制来看，公司管理层具有较强的动机来操控财务报表（戴德明，2012）。尤其是在企业相关资产或负债项目缺乏活跃市场或公开报价的情况下，企业进行公允价值估计时在一定程度上掺杂了管理人员的主观判断，为管理层调节财务报表、操控会计利润提供了空间，从而无法保证财务报告质量（Dietrich et al.，2001；Beatty & Weber，2006；Hilton & Brien，2009），降低了财务报告的估值作用。王玉涛等（2009）的研究也证实了这一点，其研究发现从新会计准则实施之日起，管理层已经为后续对企业利润进行操控预留了空间。

同时，叶建芳等（2009）的实证研究表明上市公司存在利用金融工具分类进行盈余平滑的现象。德肖等（Dechow et al.，2010）也提出公允价值会计的实施会为管理层进行盈余管理提供便利和可能。张先治和季侃（2012）提出对公允价值计量属性进行利弊分析是会计研究中的一个难点问题。一方面，采用公允价值计量模式可能会助力于提高会计信息的价值相关性；另一方面，采用公允价值计量模式也可能会被企业管理层作为操控和调节企业会计信息的工具，降低了其可靠性。而会计信息可靠性与其价值相关性之间，相互影响、相互作用。徐经长和曾雪云（2012）以2004~2009年持有证券资产的A股上市公司为样本，对金融资产规模的决定因素进行了理论和实证研究，发现公允价值计量模式为管理层所利用，激励了公司管理层和控股股东的金融投资行为。戈红（2008）和方媛（2013）的研究也发现了类似结论，并基于其研究结果，建议对企业公允价值计量模式的使用要求和使用过程等方面实施更为严格的管理与规定，以降低企业管理层利用该会计计量模式进行会计数据操控。

2.1.4 公允价值会计与信息不对称

此外，在其他条件相同的情况下，企业的信息不对称水平越低，越有利于财务报告使用者对企业价值进行评估（Fernandez et al., 2001），因此学者对于公允价值会计是否能够降低企业信息不对称水平进行了相关研究，目前尚未得到统一结论。

一方面，有学者的研究表明公允价值计量模式的运用能够有效降低上市公司的信息不对称水平，如毛志宏等（2015）通过研究提出，采用公允价值计量模式得到的净资产降低了企业与股票投资者之间的信息不对称水平。同时作者发现，具体到公允价值计量的输入层次而言，按第一、第二层次公允价值披露的净资产与企业和股票投资者之间的信息不对称水平呈现显著的负相关关系，但按第三层次公允价值披露的净资产与企业和股票投资者之间的信息不对称水平却呈现显著的正相关关系。严成和于谦龙（2019）的研究发现，公允价值计量属性在一定程度上给管理层创造了行使自由裁量权的契机。该文通过收集并整理 2014～2017 年沪深 A 股金融类上市公司中的公允价值分层计量数据，以企业的系统性风险为背景，就企业采用公允价值分层计量对信息不对称产生的影响进行研究。结果表明，第一层级净资产携带的信息可靠性较高，有利于抑制信息不对称，第二、第三层级净资产携带的信息可靠性较低，增加了信息不对称。但是在考虑企业系统性风险的情况下，三个输入层级得到的净资产数据均与股票投资者的信息不对称水平呈显著正相关关系，即三个输入层级得到的净资产数据之间可能并不存在明显的优劣差异。该研究结论有助于引导投资者关注公司公允价值计量带来的隐性成本，对系统性风险较高的公司，投资者尤其要审慎投资。

另一方面，有研究表明公允价值计量模式的使用并没有提高企业的信息不对称水平。如戈什等（Ghosh et al., 2020）以欧盟房地产类上市公司为研究对象，观察到欧盟的上市公司受 2005 年通过的《国际会计准则第 40 号》（以下简称"IAS 40"）影响，欧盟房地产类上市公司的信息不对称程度下降，具体表现为股票交易量和日成交量的变异系数显著下降。但公允价值的披露并不会导致净资产偏差降低。进一步地，该研究结果表明，在金融危机期间，公允价值披露加剧了净资产的估计偏差、降低了净资产流动性。

2.2 财务报告的估值有用性研究

鲍尔和布朗（Ball & Brown，1968）研究发现，财务报告中的盈余信息具有信息含量。此后，涌现了大批关于财务报告信息有用性的研究。在决策有用观下，财务报告会计信息的作用主要体现为契约有用性和估值有用性。具体到估值有用性方面，主要体现为财务报告信息使用者对企业价值的估计及企业未来发展情况的预测，具体包括投资者对上市公司股价的预测和证券分析师对企业盈利水平的预测。

2.2.1 财务报告对投资者的估值作用

现有研究普遍认为财务报告有利于投资者对企业价值进行估计，具有估值有用性。在相关研究的内容上，初步的研究致力于关注盈余数字对股票价格的解释力大小，如鲍恩（Bowen，1981）、戴利（Daley，1984）、科尔门迪和利佩（Kormendi & Lipe，1987）和费尔菲尔德等（Fairfield et al.，1996），但随着 Ohlson 模型的提出和广泛传播，学者们的注意力从关注企业会计盈余与股价之间的相关性问题，逐渐转向关注企业会计的账面价值与股价之间的相关性。建立在剩余盈余会计（clean surplus accounting）假设基础上的 Ohlson 模型与费尔特姆和奥尔森（Feltham & Ohlson，1995）模型是大多数会计研究的焦点，如柯林斯等（Collins et al.，1997）、张（Zhang，2000）与理查森和蒂奈卡（Richardson & Tinaikar，2004）。进一步地，在 1980 年左右再一次进行细分，逐渐转化为对盈余反应系数（earnings reflection coefficient，ERC）的研究和改进价值相关性研究的研究方法领域，具体表现为开始讨论和关注如何用回归模型的拟合优度 R^2 来度量价值相关性的大小和对比分析不同经济变量的价值相关性等。

与此同时，相关问题在国内也同样得到关注和研究。国内资本市场的发展与成熟为有关资本市场和上市公司相关问题的探讨和研究奠定了坚实的基础，尤其是为实证研究的开展提供了必要的数据，保障了实证研究的开展。回顾已有研究，实证研究在初期时基本上关注的是国内资本市场的有效性问题，探讨上市公司的会计信息在国内资本市场上是否具有价值相关性。从相关文献的发表时间来看，赵宇龙（1998）最先开展相关研究，其实证结果表明我国资本市场具有一定的有效性。陈晓等（1999）也证实了在我国 A 股市场上，上市公司的会计盈余数字具备一定水平上的价值相关性。2000 年，陆宇峰借助 Ohlson 模型，以我国 1993～1998 年的数据为样本，研究结果表明企业的每股净资产指标和每股收益指标均对国内资本市场的股价具有解释力，而且相关指标的解释能力不断提高。王跃堂等（2001）借助收益模型和价格模型进行对比研究，发现股份公司会计制度改革后净资产指标的价值相关性得到明显提高，但会计盈余指标的价值相关性却没有表现出显著变化。随着我国资本市场的不断深入发展，以及其规范化程度和专业化水平的提高，学者们对于会计数据的价值相关性研究的热情高涨，如袁淳和王平（2005）以深交所上市公司为样本，采用价格模型进行研究，支持了会计盈余（每股净资产和每股净盈余）具有增量的价值相关性。同时，随着我国新会计准则的实施，越来越多的研究关注到新会计准则对于企业会计盈余价值相关性的影响，如吴水澎和徐莉莎（2008）、王建新（2010）均认为 2006年后企业披露的财务报表中会计信息的价值相关性都在不同程度上进行了提升，且利润表会计信息的表现更佳。但也有学者的研究结果表明，新会计准则实施前后的会计盈余的价值相关性没有发生明显变化，如朱凯等（2009）认为在会计准则的改革过程中存在暂时性成本，因此没有及时提高会计盈余的价值相关性；谢德仁等（2020）也发现，我国 A 股上市公司会计信息的价值相关性自 2006～2018 年出现了显著下降。此外，在影响会计盈余价值相关性的因素领域，研究发现公司信息透明度（蔡传里和许家林，2009）、投资者心态（边泓，2009；边泓等，2009）、企业自愿性会计变更（王茂林等，2016）、技术创新（张璋等，2018）、关键审计事项披露（陈丽红等，2019）、媒体报道（郝秋红，2020）、人际信任（胡志勇等，2020）等因素均会在不同程度上对企业会计盈余的价值相关性产生影响。

2.2.2 财务报告对分析师的估值作用

分析师对上市公司的盈利预测是财务报告估值有用性的另一种体现，但关于财务报告会计信息是否能够提高分析师的盈利预测水平，目前也尚未得到学术界的一致赞同。一方面，有研究发现上市公司的财务报表是分析师进行盈利情况预测时的重要资料来源之一，能够帮助分析师提高预测能力。如艾哈迈德等（Ahmed et al.，2005）发现，财务分析师盈余预测可以识别财务报表中列示出的应计利润与现金流量持续性的不同，但低估了两者的持续性水平。伊夫科维奇和杰加迪什（Ivkovic & Jegadeesh，2004）、陈等（Chen et al.，2009）发现分析师能够通过上市公司发布的盈余公告进行信息挖掘。方军雄和洪剑峭（2007）、李丹和贾宁（2009）等研究发现上市公司财务报告的盈余质量越高，越有利于提高证券分析师盈利预测的准确度。季侃和全自强（2012）研究发现，受上市公司财务报表中盈余构成成分的影响，分析师对于企业的盈利预测判断截然不同。陈艳等（2015）以 2009～2014 年的面板数据为样本，提出财务报告的会计信息质量越高，分析师的盈利预测越准确。曲晓辉和毕超（2016）以 2007～2013 年我国 A 股主板上市公司为样本，发现财务报告中会计信息的盈余质量越高、可比性越高，越有利于提高分析师的盈利预测能力。拜亚德等（Byard et al.，2011）、侯克等（Houqe et al.，2013）和德默等（Demmer et al.，2019）以国际财务报告准则（IFRS）的强制实施为研究背景，发现财务报表质量的提高有利于提高分析师的盈利预测准确度。许文瀚和朱朝辉（2019）研究发现上市公司年报的文本信息会被分析师所关注，并提高了分析师的盈利预测准确度。另一方面，也有学者研究发现，上市公司发布的财务报表信息无法为分析师带来增量信息，以提高其预测水平。如阿里等（Ali et al.，1992）的研究表明，上市公司财务报表中的永久性盈余与暂时性盈余的差异，无法为分析师所识别，不能改善分析师的预测水平；布拉德肖等（Bradshaw et al.，2001）研究发现，上市公司应计利润水平未被卖方财务分析师识别，无法提高其盈余预测准确度。

2.3 企业价值评估相关研究

并购是现代企业进行资源优化配置、产业结构调整及资产重组的重要方式，是企业做大做强的捷径之一，伴随着资本市场并购浪潮的起伏，并购过程中的企业价值判断也愈发重要。资产评估机构作为专业的价值评估机构，其在产权交易中发挥的定价作用不断凸显。因此，价值评估机构对企业价值进行价值评估是并购交易的一项重要环节。尤其在2014年证监会针对上市公司并购交易过程中的价值评估机构选择问题出台了相关政策进行强制性规定，以对其加以规范。综上所述，价值评估机构对被并购企业的价值评估为并购交易定价提供了重要依据。近年来，企业价值评估行业发展较为迅速、也更为规范，但由于价值评估行业起步较晚，目前有关企业价值评估领域的研究仍然较少，现有研究主要集中于价值评估机构的价值评估行为和并购方对被并购方企业价值进行判断这两个方面。从价值评估机构的估值行为来看，主要集中在并购交易过程中的企业价值评估方法选择、企业价值评估增值和企业价值评估准确度三个方面；从并购方来看，主要集中在企业并购溢价领域。

2.3.1 企业价值评估方法的相关研究

中国资产评估协会（以下简称"中评协"）在2004年出台《企业价值评估指导意见（试行）》，其中针对注册资产评估师的企业价值评估行为提出一系列要求，如应当考虑评估对象、价值类型和资料收集等具体情况，审慎选择评估方法等。在目前的企业价值评估的实务过程中，常用的评估方法基本上可以划分为资产基础法、收益法和市场法。具体而言，资产基础法是指基于对企业各项资产和负债项目的具体价值进行合理评估，然后再综合确定评估对象价值的评估思路。在实务操作中，该评估方法要求价值评估机构以企业的资产负债表为基础，对其单项资产（或负债）项目采用适当的方法进行评估，然后加总各单项资产（或负债）项目的价值，确定企业整体价值的方法。以收益法评估企业价值时，通过将被评估企业预期收益资本化或折现来确定被并购企业价值，期望收益通常是依据历史收益、预期宏观环境与行业状况、公司经营状况等因素确定，只在一定程度上以企业财务报表信息作为判断企业未来收益的参考。市场法是指将待评估的企业与市场上已有的、拥有类似交易案例或类似权益性资产的企业进行比较和调整，从而得到待估企业价值的评估方法。市场法在选择参照企业时更看重企业的行业性质、经营业务范围、业绩规模等基本面因素，对企业已有财务报表的依赖程度较低。关于上述三种评估方法的适用性和局限性，学者们做出了较充分的理论分析和总结，如武勇和刘曼琴（2005）、刘捷和王世宏（2006）、赵建华（2007）、赵坤和朱戎（2010）等。

虽然在对待评估企业进行价值评估的过程中，可能会具体选择上述三种评估方法中的一种，但在具体的价值评估过程中涉及的评估模型数量繁多，尤其是考虑到模型的参数选择更是数不胜数。学者们针对价值评估模型的选择，以及具体的评估模型适用性进行了研究，莫迪利安尼和米勒（Modigliani & Miller，1958）阐述的 MM 定理及威廉·夏普（William Sharpe，1964）提出的资本资产定价模型（capital asset pricing model，CAPM）等，为后续企业价值评估理论的发展和价值评估方法的确定提供了坚实的保障和后盾，后续几十年的研究中，学者们根据关注问题的不同，对企业价值评估模型不断调整。如格布哈特等（Gebhardt et al.，2001）认为不同企业所处的发展状态并不完全一致，因此在利用折现现金流量法来评估创业初期企业的价值时，应当从企业的实际状态出发，对股价模型的内在假设进行调整和修改，以期更加恰当地评估企业价值。康抗德等（Conrad et al.，2002）则选择现金流量折现法进行了全方位介绍，并在此基础上以福特公司为具体案例，对该估值方法的实际运用进行细致阐述。达摩达兰（Damodaran，2005）则重点关注了新经济背景下的高科技类企业的价值评估，尤其是对于类似的技术型公司而言，如何以现金流量贴现法来进行准确估值，此外作者还讨论了相对价值评估法和实物期权法的运用场景和两种方法各自的优劣势。菲利普等（Phillip et al.，2005）则选择通过构建价值评估框架的方式来分析和说明评估企业价值的具体流程和步骤，就如何预测企业的未来自由现金流进行了重点分析。邓秀英和颜永平（2007）在考虑国内资本市场发展水平的前提下，通过对比分析的方式讨论了现金流量折现模型是否与国内资本市场发展水平相兼容。谭文（2009）则选取从企业价值链的视角来评估企业价值，并以其与其他相关估值方法相对比，从而说明该评估方法的优势。史静（2009）则采用现金流量折现法对企业价值评估进行了研究，并辅以案例研究方法进行检验，即以现金流量折现法针对特定研究对象开展企业价值评估活动，并将其结果与其股价相对比，发现现金流量折现法可以较为准确地估计企业价值。张宏霞和陈泉（2010）提出针对不同的企业类型应当选择不同的估值方法，比如，对创新型企业而言，可以考虑选择期权法对企业价值加以估计。

具体到企业并购过程中，专业评估机构对于被并购企业进行企业价值评估时对评估方法的选用，已有学者进行了总结和分析，如岳公侠等（2011）研究发现2008~2010年上市公司并购交易中，使用资产基础法作为企业价值评估的比例达到93%，而收益法和市场法分别为75%和7%；在确定最终评估结果时，资产基础法占比70%，收益法占比28%，市场法仅占到2%①。王竞达和刘辰（2011）对目前上市公司并购过程中涉及的评估方法加以分析，发现目前的评估方法较为单一，提出应当同时使用各种评估方法，实现评估价值类型多元化。程凤朝等（2013）研究发现，相较于成本法和市场法，价值评估机构使用收益法进行企业价值评估时，更容易出现虚高的情况，谢纪刚和张秋生（2013）也发现使用收益法评估时依据的预期收益远高于实际收益。

---

① 在上市公司并购过程中，价值评估人员可使用1~3种评估方法进行评估，但最终的评估结果多基于其中一种评估方法得到，个别情况下会取多种评估方法的估值结果的均值。

2.3.2　企业价值评估增值的相关研究

企业价值评估增值，即为被评估企业价值的评估溢价，衡量了被并购企业在并购交易中的评估价值与其净资产价值的溢价程度，且等于评估价值与被并购企业的净资产账面价值之间的差额在被并购企业净资产账面价值中所占的比例。

上海证券交易所（以下简称"上交所"）和中评协在 2010 年联合报告的《上市公司 2009 年度并购重组资产评估专题报告》中指出，被并购企业的价值评估已经成为上市公司重大资产重组定价的关键环节之一。有关价值评估机构关于被并购企业资产的估值，国内外文献中有关研究多是从企业价值评估方法的选择（徐玉德和齐丽娜，2010；叶陈刚等，2018）、大股东操纵行为（周勤业等，2003；张祥建和郭岚，2008；陈骏和徐玉德，2012；宋顺林和翟进步，2014；叶陈刚等，2018）、业绩补偿承诺制度（翟进步等，2019；刘建勇和周晓晓，2021）、高管个人特质（赵毅和张双鹏，2020）等维度探究影响企业价值评估增值水平的因素。

从企业价值评估活动的实际操作分析，被并购企业价值评估价的确定受到被并购企业特质和并购方特征等多种因素影响。一方面，在被并购企业特质方面，王瑞丽和上官鸣（2013）发现被并购企业的资产规模、固定资产比例等特征与其企业价值评估价显著相关。翟进步等（2019）提出被并购企业在并购重组过程中提出的业绩承诺机制能够降低并购双方的信息不对称水平，并传递积极信号，提高企业价值评估价。另一方面，在并购方特征方面，陈骏和徐玉德（2012）、宋顺林和翟进步（2014）、叶陈刚等（2018）学者研究发现并购过程中大股东的操纵动机对于企业价值评估的增值水平有显著影响，即大股东的操纵动机越强，企业价值评估增值程度越高。赵毅和张双鹏（2020）也提出，并购过程中委托方的首席财务官（以下简称"CFO"）性别对于被并购企业价值的估值水平有显著影响。当委托方 CFO 为女性时，由于其天然的谨慎和风险规避特质，其企业价值增值率平均比男性 CFO 至少低 62%。同时，企业价值评估增值水平还受到评估机构规模（Kelly & Ljungqvist，2012；马海涛等，2017）、并购交易支付方式（叶陈刚等，2018）等因素的影响。

总体而言，企业价值评估价的确定不仅随被并购企业价值的变化而变化，同时也受到价值评估机构水平、并购方对被并购企业价值的预期等诸多因素的影响。

2.3.3　企业价值评估准确度的相关研究

企业价值评估准确度描述的是并购交易中交易成交价格与被并购企业的评估价之间的偏离程度，且等于交易成交价格与被并购企业评估价之差除以被并购企业评估价。有学者发现并购交易中的评估价与成交价两者之间的差距有逐渐变小的趋势，这说明评估方确定的评估价对于并购交易定价的影响越来越大，前者逐渐成为后者的参考依据（王小荣和陈慧娴，2015）。程凤朝和刘家鹏（2011）也提出在并购交易中，被并购企业交易价格的公允性问题不仅影响股东的切身利益，而且是并购交易过程中的核心问题。因此作者尝试通过采用回归模型的方式对上市公司并购重组中的评估定价进行模拟，同时结合上市公司股票价格及所购买资产的价值进行判断，识别评估定价过程中可能存在的误差及主观操纵问题，并对价值评估机构提议审慎使用收益法进行评估。

英国的学者们较早着手对企业价值评估准确度开展定量研究。如布朗（Brown，1991）选取1975～1980年的29个交易样本数据进行研究，发现并购交易的价格与其评估价之间相似度极高。马蒂西亚克和王（Matysiak & Wang，1995）也发现了相似的统计结果，对1973～1991年的317组评估结果和成交价数据进行处理后，分析得出成交价格在估价上下20%内的概率高达70%。因此，有学者针对企业价值评估准确度的影响因素开展研究。如严绍兵等（2008）首先分析了国内上市公司有关资产交易过程中，资产的评估价与交易价两者之间存在的差异水平，并对其中可能存在的原因加以分析，提出标的规模、交易标的的性质和交易双方的关系均会对企业价值评估准确度产生影响。而王竞达（2012）基于2010年上市公司并购重组数据的分析，发现价值评估的准确度不仅受到行业因素影响，同时还受到交易类型、板块因素等诸多因素的影响。而从价值评估机构考虑，马海涛等（2017）发现价值评估机构的声誉有利于提高评估准确度，表现为价值评估机构行业排名越高，并购交易成交价与评估值差异越小。其中，高声誉的价值评估机构不仅表现在价值评估机构的规模上，而且更体现在良好的沟通能力、降低信息不对称水平，从而通过发挥声誉机制提高了企业价值评估的准确度。刘建勇与俞亮（2020）则提出价值评估机构的聘请主体会影响企业价值评估准确度水平。即由于并购方处于信息劣势，当价值评估机构的聘请主体是并购方时，能够有效降低并购方的信息不对称水平，有利于并购方接受价值评估机构出具的评估价格。昌等（Chang et al.，2016）的研究结论也对此表示支持。

2.3.4 并购交易溢价的相关研究

并购价格的确定是并购决策中的重要内容，并购溢价也是近年来并购交易中经常出现的现象，但溢价过高不仅会提高并购方的交易成本，还可能会增加并购方的交易风险。因此，在尽力促成并购交易的目标下，并购方很可能选择通过尽量降低并购交易溢价的程度来降低和减少并购交易的风险。试图在合理范围内降低并购交易溢价，这对并购方极具挑战，其中最为重要的便是对目标企业的价值进行准确判断。其中不仅包括并购方对被评估企业本身情况的深入了解，还包括对被评估企业相对价值的了解，如被并购企业在同行业的行业地位、行业竞争对手等内容（Young & Zeng，2015）。

按照并购交易的实施过程来看，并购交易主要可以分为调查了解阶段和协商交易阶段。毋庸置疑，当并购方出于某一特定目标进行并购时，必然会先对特定企业事先进行调查和了解。在调查了解阶段，并购方通过尽职调查来初步了解目标企业的基本面情况。此时，并购方的调查内容主要关注目标企业过往数年的年度盈余情况、在同行业企业中的行业地位、主营业务范围及其目标客户等方面（Bruner，2004）。在上述过程中，并购方相关信息的获取多通过各种公开渠道进行收集、整理、判断和甄别，从而对目标企业进行初步了解。拉杰科斯（Lajoux，2010）就曾指出，获得公开的会计信息是并购方在进行尽职调查过程中的一项极为重要的信息来源，作者以被并购方的会计信息为例，说明并购方通过采取对目标企业会计信息进行复查的方式来了解目标企业、评估和确定目标企业的价值。此外，在初期的调查了解阶段中，另一个了解目标企业即时价值的有效途径就是寻找目标企业的相似企业，此时，相似企业能够为并购方提供有效参考，方便并购方对相关各项指标开展对比分析（Bruner，2004）。而在协商交易阶段，并购方开始有机会接触、获得并分析目标企业的内部信息，但是由于交易双方固有的信息不对称地位，导致并购方难以获取完全真实和全面的内部信息。与此同时，并购方的评估过程还受到交易成本和调查时间等诸多现实条件的限制。

因此，在并购方进行价值判断的过程中，被并购企业信息的可复核性和可比性极为重要。如杨和曾（Young & Zeng，2015）就同一行业内企业之间会计信息的可比程度进行研究，发现会计可比性的提高能够有效降低企业价值评估过程中出现的误差。斯凯夫和汪格林（Skaife & Wangerin，2013）采取财务报告得分法的方式，针对被并购企业的财务报告质量进行研究，发现当被并购方的财务报告质量较差时，并购方难以识别被评估企业的真实价值，更可能出现出现并购溢价的情况。

已有文献关于并购溢价影响因素的研究主要包括并购交易市场的竞争激烈程度、被并购企业的盈余信息质量和并购方的大股东控制权等方面。如在并购市场竞争方面，斯勒茨基和凯夫斯（Slusky & Caves，1991）的研究表明，在并购交易过程中，并购方的竞争激烈程度与并购交易的溢价程度呈现出明显的正相关关系。当并购方竞争程度较为激烈时，意味着资本市场中存在较多的竞争者和更高的竞争价格，此时并购方为了能够获得被并购方的控制权不得不支付更高的价格以占据竞争优势，更可能选择溢价购买。在被并购企业盈余信息质量方面，拉曼等（Raman et al.，2013）通过实证研究目标公司盈余信息质量与并购溢价之间的关系，发现在其他条件相同的情况下，当目标企业的会计盈余信息质量较低时，并购方更倾向于与目标公司进行谈判，并降低并购定价以规避风险；麦克尼科尔斯和施图本（McNichols & Stubben，2015）关于企业会计信息质量与并购溢价两者之间的关系进行研究，其数据结果表明两者之间呈现显著负相关关系；刘娥平和关静怡（2019）以中国 A 股上市公司定增并购事件为研究样本，发现目标公司在并购前进行盈余管理水平越高，越容易误导收购方给予高溢价；王天童和孙烨（2020）研究发现，低信息透明度目标公司向外传递的信息较少，交易者投标出价准确度越低，溢价水平更高。在并购方大股东控制权领域，亨特和贾格蒂亚尼（Hunter & Jagtiani，2003）通过研究发现，当存在大股东主导并购交易的情况下，并购交易出现并购溢价的可能性较高，这说明溢价并购可能是大股东获得私有收益的一种途径。

2.4　对已有文献的评述

关于财务报告估值作用的研究一直是学术界关注的重点，有关公允价值会计估值作用的关注也是重中之重。围绕财务报告估值作用的研究，主要集中在财务报告对于投资者及分析师等财务报告使用者估计上市公司的企业价值方面；而公允价值会计估值作用的研究，主要包括但不限于对公允价值会计的价值相关性、公允价值会计与会计盈余波动、与盈余管理及信息不对称等方面的研究，但大量的研究和关注并没有使学术界达成一致的结论。通过对上述文献的总结，本书认为已有文献中有关财务报告及公允价值会计的估值作用的研究，可能存在以下三点不足。

第一，已有研究中以会计数据（如净利润、公允价值变动损益）与股价（或股票报酬率）之间的回归系数来间接度量和说明财务报告及公允价值会计的估值作用，可能存在统计推断错误。如王天东（2016）发现，由于不同学者在研究中所使用的样本有所不同，其中所包含的变量使用的尺度也有所差别，所以会导致企业会计数据的价值相关性研究中受到尺度效应影响，导致估计的参数大小受到影响。同时，吉沃利等（Givoly et al.，2017）的研究也表明会计数据与股票回报率两者之间的关联较为微弱，且近年来逐渐呈现出下降趋势。

第二，在研究公允价值会计的估值作用时，主观混淆了公允价值信息与公允价值计量之间的关系，采用公允价值计量模式代替公允价值信息，忽略了两者之间的区别。且公允价值计量的相关性与可靠性之间的相互影响可能会损害其估值作用。会计数据的可靠性是其发挥估值作用的基础，如果可靠性过低，相关性优势也将无法发挥作用，只有在保证会计数据高度可靠的基础上，才可能发挥会计数据应有的效果。张先治和季侃（2012）通过对引入公允价值计量模式前后的会计信息可靠性加以研究，指出我国新会计准则中引入公允价值计量模式后导致会计信息的可靠性在一定水平上有所下降，并没有实现引入公允价值计量模式的初始目的。邓传洲（2005）的研究也表明，公允价值计量存在计量误差，而投资者也看穿了这一计量误差，从而无法发挥其价值相关性。由此可见，会计信息的首要特征应当确定为可靠性，而关于企业价值评估的信息不应是企业提供会计信息的首要目标，会计信息的有用性大小应当取决于会计信息的使用者，会计只能提供可靠的通用信息供使用者使用，会计信息的估值作用是会计信息满足性可靠后衍生的结果。

第三，会计数据发挥估值作用非常容易受到资本市场有效程度的影响，不同的研究样本中，市场有效程度均有所不同，不利于开展会计数据估值作用的研究。如王建新（2010）指出，2008年爆发的金融危机对我国资本市场造成剧烈影响，导致国内资本市场的有效性明显下降，由此导致在使用该年数据作为研究公允价值信息价值相关性的样本时会受到显著影响。雷宇（2016）的研究发现，上市公司的公允价值变动损益数据所含信息水平的高低与资本市场的波动水平之间呈显著的负相关关系。

第 3 章　公允价值估值有用性的
理论辨析与现实困境

在理论上，公允价值理念的估值期望起源于财务报告信息的决策有用性，为提高财务报告的估值作用，准则制定机构迫不及待地将公允价值计量模式引入表内，并有逐渐取代历史成本计量模式的发展态势。但从理论源头上看，财务报告信息的决策有用性并不必然与企业价值评估相关，且有关公允价值计量模式是否与公允价值理念完全等同，以及公允价值理念及其计量模式是否适合进入财务报表内和会计核算体系，尚未有研究进行分析。同时，在现实条件下，公允价值计量会计规则的实施条件要求极高，我国目前的现有条件（如会计人员素养、资本市场成熟程度等）是否能够满足该规则的实施条件，还有待进一步研究。下文将针对公允价值会计的估值有用性和现实困境两个方面展开进一步阐述。

3.1　公允价值估值有用性的理论辨析

3.1.1　财务报告信息的决策有用性与企业价值评估

从中国的企业实践看，财务报告信息使用者的范围较广，不仅包括现实和潜在的投资者和债权人，还包括管理层、监管部门及其他利益相关者，因此与财务报告相关的决策类别也不尽相同。根据决策与企业价值评估之间的关联度，决策的类别可以划分为两类：一种是与企业价值评估关联度较高的决策，如股票的买卖决策、投资决策；另一种是与企业价值评估关联度较低的决策，如管理层的薪酬决策和聘用决策等。

根据 IASB 概念框架（2018）的规定，"设定通用目的财务报告的意图不是为了展现报告主体价值，但是财务报告所提供的信息，有助于现实的和潜在的投资者、贷款人和其他债权人来估计报告主体的价值。"[①]换言之，IASB 强调将决策的范围限定为帮助现实和潜在的投资者和债权人对企业价值进行评估，便于其做出买卖、持有股票（或债券）的决策（IASB，2018）。

具体到现实情境下，一方面，对企业价值的估计是一种主观性较强的个体行为，个体在进行企业价值判断的过程中涉及诸多因素的共同影响，难以由财务报告中某一种会计信息所主导。且个体对企业价值的关注重点存在明显差别，如"现实的投资者和债权人"与"潜在的投资者和债权人"所承担的风险水平并不相同，两者的股票（或债券）买卖决策过程中对企业价值的判断也出现差异。又如按照持有股票（或债券）的时间长短，"现实的投资者和债权人"可以划分为"短期的投资者和债权人"和"长期的投资者和债权人"。相较于短期投资者而言，长期投资者普遍更倾向于关注企业的长远发展，即两者对于企业价值和发展前景的关注程度有所不同，其在企业价值判断过程中赋予相关估值系数的权重自然会出现差异。进一步地，即便股票持有时间长度和时机都相近，投资者的投资风格也可能存在差别，如纳亚克（Nayak，2010）研究发现投资者情绪对其投资决策产生显著影响。另一方面，对企业价值的估计，并不等同于汇总各项以公允价值计量的单项资产（或负债）项目金额得到的数据。如果试图通过机械地汇总企业的单项资产价值来衡量企业价值，那么不仅忽视了企业人力资本创造的价值增值（汪建熙和王鲁兵，2009），也低估了企业各项资产（或负债）项目之间因协同作用带来的价值增值。

综上所述，根据财务报表信息使用者的具体决策情形的分析，我们

① International Accounting Standards Board（IASB）. Conceptual Framework for Financial Reporting: The Elements of Financial Statements ［EB/OL］. 2018.

发现，影响投资者投资决策的因素错综复杂，财务报表信息并不一定能够对投资者决策过程中的价值评估产生显著影响，更遑论公允价值计量信息在其中可能发挥的作用。即便公允价值计量可以比历史成本计量更为真实、精确、及时地获取企业单项资产（或负债）项目的价值，财务报表也因为无法反映各资产、负债项目之间的协同效应而不能完整反映企业整体价值，无法保证一定有益于企业价值的估计。由此，FASB 和 IASB 出于公允价值计量的估值作用将公允价值计量模式引入财务报表，试图满足投资者的投资决策所需，很可能是失之偏颇的。

3.1.2 公允价值理念的估值期望与财务报告体系相冲突

以 FASB 和 IASB 为代表的权威准则制定机构将财务报告的目标确定为向投资者、债权人等提供与企业价值评估相关的信息，强调将企业未来可能流入的经济利益纳入核算体系，提高财务报表的估值作用，主张将公允价值计量属性引入财务报表。在这一演绎过程中，FASB 和 IASB 的主观期待与公允价值计量模式的客观能力之间可能存在冲突，具体表现为 FASB 和 IASB 可能忽略了以下三点：第一，现行财务报表体系基于过去的、已完成的交易事项进行计量和确定企业会计利润，而公允价值计量会计规则基于假设进行计量、强调对企业资产的估计和未实现损益的确认，其主观期望与财务报告体系的基本特点相冲突。第二，在现行财务报告体系下，上市公司对外公布的财务报告具有定期性和通用性特点（戴德明，2020），在企业价值评估的及时性和特殊性方面具有明显的局限性，难以满足公允价值理念的估值期望。第三，公允价值计量与公允价值信息并不完全相等，公允价值计量模式难以实现公允价值理念的主观期望。

首先，公允价值理念的估值期望与财务报表体系的基本特点相冲突。一方面，财务报表以过去的交易和事项为基础（葛家澍和刘峰，2011），反映企业在过去一段时间内的财务状况、经营成果及现金流量等，而公允价值会计规则强调尽可能确定企业各项资产（或负债）项目的价值，以假设交易事项为基础，并不要求交易事项切实发生，两者在会计确认和计量基础方面存在矛盾。另一方面，会计出现伊始，其基本职能就在于反映会计主体的经济活动内容和结果，具体到企业的定期财务报表而言，其基本职能在于反馈企业在特定时间内的经营结果，即企业的会计利润。因此，在坚持会计基本职能的前提下，财务报表体系始终应当以确定企业利润为主要目标。而由于利润确定和资产计价之间的联动是财务会计显著的特征，在利润确定的基础上，通过合理的判断，可能会帮助投资者对相关资产价值进行估计，但这只是财务报告体系的辅助功能。而公允价值理念强调对企业资产进行计价和提前确认未实现利润，以进行企业价值估计。由此造成公允价值理念的主观期望与财务报告体系的基本职能之间相矛盾。

其次，上市公司对外发布的财务报告具有通用性和定期性特点，难以满足公允价值理念的估值期望。2018 年，IASB 发布的概念框架印证了现行财务报告具有通用性特点，并不针对特定使用者（戴德明，2020）。从通用性特点看，上市公司发布的财务报告具有类公共产品属性，难以满足所有使用者的决策需要。具体到与企业价值评估相关的决策而言，不同的财务报告使用者的个人特质也是千差万别的，关于企业资产（或负债）项目的价值判断过程中也会呈现出不同的风险偏好（赵嘉禾和田琳，2019），导致其价值判断结果存在明显差异，从这个角度看，通用财务报表难以满足公允价值理念关于提高企业价值评估的主观期待。同时，从定期性特点看，会计分期是会计学的一个基本前提，为了顺利地对企业经营成果进行核算，人为地对企业经营周期进行划分，形成了目前上市公司的定期报告形式（Littleton & Zimmerman，1962）。一般情况下，上市公司的年度财务报表要在年度资产负债表日后很长时间以后才能公布，一般滞后 3 ~ 4 个月的时间。因此，定期财务报表向外报告的"现时"（即资产负债表日）对于财务报告使用者而言，仍然是"过去"（戴德明，2012；雷宇，2016），此时，即使企业所有的资产（或负债）项目都采用公允价值计量模式进行度量、所有的公允价值数据均"真实公允"，财务报表也难以反映使用者在公告日或决策时点所需的企业价值即时信息。因此，定期公布的财务报表难以满足财务报表使用者的估值需求。

最后，公允价值计量与公允价值理念两者并不能完全等同。根据IASB 概念框架中的相关定义内容，历史成本是指报告主体在取得或创制资产时发生的成本价值，并不反映资产价值变动情况。而公允价值是指在计量日的有序交易中，市场上所有参与者之间出售一项资产所能收到或转移一项负债所需支付的价格。相较而言，历史成本计量模式无法直接提供金融资产市场价值的变动情况，而投资者可参考金融资产的公允价值信息辅助其进行价值判断和决策。从这个角度而言，公允价值信息有可能会提供与企业价值估计相关的信息。即公允价值理念具有一定水平的合理性。但是，会计计量属性中的"公允价值计量属性"尝试以价格反映公允价值，试图以市场价格反映和估计价值，市场价格是否及能够在多大程度上反映价值，这一点是有待讨论和分析的。而且，追溯"计量"一词的本义，根据新华字典的解释，计量是指利用技术和法制手段实现单位统一和量值准确可靠的测量。一方面，虽然价格是价值的货币表现形态，且价格总是围绕价值波动，但价格对于价值的捕捉和衡量可能会伴随着时间和观察角度的改变而改变。对于不同的主体而言，即便对于同一资产（或负债）项目，主体对于资产（或负债）项目价值的判断结果会随着关注时间与关注重点的不同而不同（赵嘉禾和田琳，2019），从而无法满足准确判断的要求。另一方面，由于企业资产（或负债）项目通常难以找到相同或相似的市场价格，因此在相关资产（或负债）项目的价值判断过程中需要借助于管理层拥有的内部信息、持有目的，以及主观判断（Landsman，2007），难以满足可靠性要求。综上所述，虽然公允价值理念具有一定的合理性，但公允价值理念只是一种理想化的价值呈现方式，其与公允价值计量相去甚远，过度强调以公允价值计量代替公允价值理念，容易误导人们产生"其他会计计量属性不具有公允性或合理性"的错误理解。

综上所述，现行财务报表体系下的财务报告具有通用性和定期性的特点，以确定企业利润水平为主要目标，如果脱离企业利润水平的确定，孤立地讨论企业资产计价，无视公允价值计量与公允价值理念之间的区别，片面追求公允价值理念下的主观期待是没有现实基础和实际意义的。

3.1.3 公允价值计量模式与会计核算的矛盾

根据《中华人民共和国会计法》（2017 年版）的相关内容，各单位必须根据实际发生的经济业务事项进行会计核算，填制会计凭证，登记会计账簿，编制财务会计报告。简而言之，会计核算过程可分为确认、计量、记录和报告四步骤。公允价值计量模式作为一种会计核算方式，本应服务于会计核算，但因不确定性和非连续性导致其与会计核算相矛盾，具体体现在公允价值计量与会计核算的谨慎性原则和配比原则相矛盾。

1. 公允价值计量的不确定性与会计核算谨慎性原则的矛盾

会计谨慎性原则要求确认利得的标准比确认损失的标准更严格（Watts，2002；2003），要求尽量低估公司资产的价值，以期利用这种明显具有不对称特征的会计盈余确认标准来避免企业采用高估利润和低估损失的方式来操控会计盈余。因此谨慎性原则下的会计确认更多地确认损失，减少利润分配，加强企业抵御外部不利事件的冲击。而公允价值计量模式本质上是一种借助市场信息对企业资产（或负债）项目的评价，但市场参与者对市场价格的获取可能存在时点、角度和技术上的差异（陈朝琳，2014）。在公允价值计量模式下，在将与企业资产（或负债）项目有关的、未实现的市场价格纳入财务报表的过程中，也将不同判断标准下得到的市场价格及其波动引入财务报表中，以杂糅了多重判断标准的市场价格来作为会计核算的基础，难以保证会计核算的谨慎性。此外，采用公允价值计量模式得到的市场价值是基于一系列假设得到的，在股票市场和内部管理等多方压力下，公司管理层有可能会通过稳健性会计和公允价值计量会计两种会计处理方法来灵活操控会计数据，从而达到平滑企业利润的目的，这将使公司的决策过程更为复杂，进一步加大了财务报告的不确定性。由此，公允价值计量模式违背了谨慎性原则，不仅提高了企业利润的不确定性，而且加大了企业决策过程的不稳定性。

2. 公允价值计量的非连续性与会计核算配比原则的矛盾

作为会计基础理论的重要组成部分之一，配比原则具有丰富的理论内涵，深入理解配比原则不仅能提高会计理论知识的学习，也有利于提高实践运用的灵活性，如曹越和彭可人（2019）利用会计学的配比思想，量化了交易费用，推进了科斯定理的现实运用。

根据已有研究，配比原则可从两个角度进行解释：第一种解释是报告主体取得的收入与付出的成本费用要在时间上进行配比，即报告主体在某一时间段的收入必须与其在该时间段内取得的成本费用相对应（张路等，2014）；第二种解释是收入与成本费用之间应当具有经济内容和性质上的因果联系（王福胜，2021），即报告主体能够获得不同类型的收入是因为报告主体为之付出了相对应的同一类型的成本和费用，且报告主体之所以付出不同类型的成本和费用也是为了能够获得相对应同一类型的收入。但公允价值计量是会计主体在计量日根据市场价值对企业资产（或负债）项目价值进行调整和估计，并不必然发生相应的成本或费用。以上市公司持有的交易性金融资产为例，其在报告期内发生增值，将引起上市公司相关资产价值提升，但上市公司在报告期间内仅保持持有状态，并未进行交易，未产生相应成本或费用。由此，采用公允价值计量模式对企业资产（或负债）项目的价值进行估计和调整，打破了会计核算的配比原则，损害了会计核算体系的优势。

综上所述，采用公允价值计量模式可能会对会计核算体系的确认和计量产生影响，公允价值计量模式在确认过程中的不确定性和计量过程中的调整估计，很大程度上属于统计范畴，引起了会计计量层面的模糊，对会计核算体系产生了干扰。

3.2 公允价值计量发挥估值有用性的现实困境

如前所述，公允价值理念与公允价值计量模式之间不能完全等同，是不可相互替代的。本章3.1节已经从理论层面说明了公允价值理念试图通过公允价值计量模式发挥估值作用存在的理论缺陷，本节内容将从现行公允价值计量会计规则在现实条件下的实施困境来做进一步阐述。

自 2007 年实施的新企业会计准则体系中引入公允价值计量属性后，公允价值计量属性的使用范围不断扩大，同时也存在诸多计量难题（董必荣，2010）。为了对企业公允价值计量模式的使用条件和使用过程加以规范，财政部在 2014 年出台了《企业会计准则第 39 号——公允价值计量》，相较于其他准则而言，该准则是首次以计量方式为中心内容。但 CAS 39 的实施，并没有从根本上解决问题，公允价值计量始终受到理论界与实务界的诸多质疑。具体而言，在实务操作中，公允价值会计信息"估值有用性"的发挥可能受到以下三点现实条件的制约：第一，公允价值概念定义多次变更、混乱复杂，可理解程度低；第二，公允价值计量会计规则要求的实施条件高；第三，公允价值计量结果的复核难度较大。

3.2.1 公允价值计量概念定义混乱、可理解程度低

准确明晰的公允价值定义是进行公允价值计量的前置条件，但自公允价值概念出现以来，有关公允价值的定义频繁变更，既复杂又混乱。除去 FASB 和 APB 多次使用的公允价值概念，仅统计 1991 年 FASB 制定 SFAS 107《金融工具的公允价值披露》以来，陆续发布的多项有关公允价值的会计准则，多次使用过不同的公允价值定义，具体情况如表3 – 1 所示。

表 3 – 1　　　　　　　　**FASB 公允价值定义变动一览**

发布时间	会计规则	公允价值定义
1991 年	SFAS 107	在非强制、非清算销售情况下的当期交易中，一项金融工具在自愿、不关联的各方中进行交换的金额
1996 年	SFAS 125	在非强制、非清算销售情况下的当期交易中，自愿的各方之间进行资产的买卖或负债的发生与清算中的金额
2000 年	SFAC 7	自愿而非强迫或非清算基础上的当前交易双方之间，购买（取得）资产或出售（清偿）负债的金额
2000 年	SFAS 140	同 SFAC 7
2001 年	SFAS 141	同 SFAC 7

续表

发布时间	会计规则	公允价值定义
2001 年	SFAS 142	报告单元的公允价值是在计量日该单元作为一个整体在有序交易中的市场参与者之间出售将要收到的价格
2001 年	SFAS 143	在自愿双方的当前交易中清偿负债的金额,而不是在强迫或清算出售中支付的金额
2001 年	SFAS 144	同 SFAC 7
2002 年	SFAS 146	一项负债的公允价值是在自愿双方的当前非强迫或非清算交易中清算该负债的金额
2003 年	SFAS 150	同 SFAC 7
2006 年	SFAS 157	在计量日,市场参与者在有序交易中出售一项资产收到的价格,或转移一项负债支付的价格

资料来源:系笔者根据 FASB 发布的历次财务会计准则整理得到。

根据表 3 - 1 中有关公允价值的定义可知,准则制定机构对于公允价值的定义晦涩难懂、可理解程度低。以 FASB 在 2006 年颁布的 SFAS 157 为例,在其定义中设定了一系列的限定条件,如"市场参与者""有序交易"等,在实务操作中,这一系列限定条件不仅要求会计人员在计价的过程中搜集大量证据以进行判断,而且在编制期末的定期财务报表时,需要重新判断和调整。进一步地,定义中规定"出售一项资产所收到的价格或转移一项负债所支付的价格",明确了价值基础为脱手价格范畴,是一种具体的计量属性。然而,石本仁和赖红宁(2001)、刘浩和孙铮(2008)等学者认为公允价值本身不是一种具体的计量属性,只是检验或者代表其他计量属性"公平与合理"的会计理念。由此可见,有关公允价值的定义仍存在一系列限定,且尚未在理论上得到统一,不利于会计实务人员对公允价值计量模式的理解和使用。

3.2.2 公允价值计量会计规则要求的实施条件高

前述讨论过公允价值定义不仅变更频繁,且定义中存在一系列限定条件,如有序交易、主要市场等。在此情况下,公允价值计量会计规则的运用不仅对会计人员的素质要求较高,而且对市场和估值技术的成熟程度也要求较高。

一方面，公允价值会计规则的实施对会计人员的素养要求高。从会计人员的专业素质来看，囿于公允价值计量相关概念和会计准则的复杂性，公允价值会计规则的实施需要会计人员具有较高的专业素质，例如，对未来现金流量的金额、货币的时间价值等进行准确计量。而在目前情况下，实务界会计人员难以深入、透彻、细致地把握公允价值计量会计规则的内容和实质，难以在实务操作过程中运用自如，张敏等（2011）的问卷调查结果也表明，会计从业人员对于公允价值计量虽然有一定了解，但缺乏深入系统的学习和研究，难以灵活运用。同时，由于公允价值在计量资产（或负债）项目价值的过程中，涉及诸多估值输入值等计量参数的确定，也需要会计人员具有较高的职业操守，尽量保持中立、减少主观偏误（谢爱萍，2007）。

另一方面，公允价值会计规则的实施对市场环境和估值技术的成熟程度要求高。在市场环境方面，公允价值会计规则对市场的流通性要求较高。鲍尔（Ball，2006）指出，公允价值会计仅在以下两种情况下提供的会计信息可能优于历史成本计量模式提供的会计信息：第一，资本市场具有极高的流动性，随时随地可以获取可观察的市场价格；第二，市场可以根据独立、可观察的估值参数，帮助市场参与者准确地估计市场价格。否则，公允价值会计试图提供决策有用信息的这一基本目标是难以实现的，而目前国内的诸多条件都很难与公允价值会计的需求相兼容（He et al.，2012）。在完美的状态下，可能会存在一个强势有效的交易市场，在其中所有市场参与者所需要的信息都是完全公开真实的，同时所有信息都可以随时随地免费获得，资产价值可以被唯一、精准地确定（Beaver & Demski，1979；Beaver et al.，1998；Strong & Andrew，1987），则公允价值会计提供公允、无偏估计的信息是可能的。但是，目前的实际条件与设想中的完美市场相去甚远，不仅任意一条信息的获取都可能是需要付出成本的，而且获得的任何信息都可能存在严重的信息不对称、道德风险和误报动机，更有甚者，并不是所有的信息都是可以获得的，因此试图公允、无偏地获得企业资产（或负债）项目的所有信息并进行准确估值可能只是设想。尤其是，当缺乏活跃市场的公开报价或市场的流动性消失时，有一部分资产（或负债）难以通过市场得到公允价值的信息，从而将主观判断赋予了管理层，为管理层操纵盈余和净资产提供了可能，这无法保证公允价值数据的可靠性（Dietrich et al.，2001；Beatty & Weber，2006；Hilton & Brien，2009；戈红，2008；王玉涛等，2009；叶建芳等，2009；Dechow et al.，2010；张先治和季侃，2012；徐经长和曾雪云，2012；方媛，2013）。在估值技术方面，公允价值估计中所需的风险计量技术目前尚未成熟，无法广泛应用于公允价值估计，特别是第二层次和第三层次上公允价值的估计严重缺乏风险管理经验（王守海等，2012），难以满足模型估值的需求，而公允价值计量往往需要较多的估计和判断，尤其是第二、第三层次输入值，包含很多假设和一系列调整，如特定估值技术的固有风险和估值技术输入值的固有风险等，因而估值技术的不成熟无法保证计量的准确性，或者说难以保证公允价值会计所强调的"公允"，其估值结果往往不能令人信服。

综上所述，无论是会计人员的素质，还是当前的市场环境与估值技术的成熟程度，现实环境下的诸多条件均难以完全达到公允价值会计规则的要求。即公允价值计量试图以盯市价格来反映企业价值的理论预期受到现实条件的严重制约。

3.2.3 公允价值计量结果复核难度大

如前所述，由于公允价值计量过程中估值模型的选择及有关层次的输入值系数需要管理层进行估计和选择，且公允价值计量模式并不要求交易事项真实发生，导致其估值结果缺乏可验证性。具体而言，由于公允价值计量不要求交易事项切实发生，无法提供会计凭证，且市场价格变动跌宕起伏，难以准确捕捉。加之公允价值计量模式的复杂性，对于管理层的信息处理能力依赖较大，增加了管理层会计政策选择（Dietrich et al.，2001；叶建芳等，2009）、进行盈余管理的机会和空间（蔡利等，2018），大大增加了复核的难度。

总体而言，公允价值计量概念的频繁变化和较低可操作性、公允价值计量规则的高要求和估值结果的复核难度均导致公允价值会计规则面临较大的实施困境，距离实现公允价值计量的估值有用性尚有难度。

3.3 本章小结

本章分为理论辨析和现实困境两个方面，分别从理论上和实务情况对公允价值理念的估值作用进行分析。在理论辨析部分，首先，从公允价值理念估值作用的源头，即财务报告信息的决策作用与企业价值评估之间的关系进行介绍。其次，针对性地分析了公允价值理念的估值期望与现行财务报告体系之间的冲突、公允价值计量模式与会计核算之间的矛盾。最后，在现实条件部分，就公允价值计量会计规则实施条件对公允价值计量发挥估值造成的现实困境进行阐述。

公允价值理念在提供与财务报告使用者决策有关的信息方面具有一定贡献，但这并不与公允价值计量模式进入财务报表核算体系具有必然联系。换言之，即便包含公允价值计量信息在内的财务报告信息对于财务报告使用者而言可能是"有用的"，但我们不能、也不应因为过度追求和高估这种"有用性"，而忽视或损害财务报告体系的整体有用性。我们应当注意到，以公允价值计量模式代替公允价值信息进入财务报表核算体系，不仅存在公允价值理念与财务报告体系之间的冲突，而且造成了公允价值计量模式与会计核算体系之间的矛盾，同时，公允价值计量模式受到现实条件的严重限制，是否合适及如何采用技术手段对进行资产计价和计量仍然有待商榷。尤其是结合我国的市场环境，我国的会计制度在满足企业内部管理的同时，更需要兼顾政府部门对国民经济的管理需求，不能高估和人为拔高财务报表对于证券市场的估值作用。

第4章　公允价值计量与企业价值评估方法选择

基于前述分析，FASB 和 IASB 基于"决策有用"的财务报告目标，即主张财务报告应当向使用者提供与企业价值评估相关的信息，从而强调在财务报表内选择以公允价值或现时价值为基本计量属性对企业单项资产（或负债）项目进行计价（戴德明，2012；郑伟，2018），以提高财务报表反映企业价值的能力。根据 CAS 39 的定义，公允价值计量是以计量日的时点金额来反映企业一项资产（或负债）的公允价值，如果财务报表使用者能够于该时点获知企业资产（或负债）项目的即时金额，并影响其企业价值评估过程，那么确实能够表明表内列报的公允价值计量信息具有估值作用。

而在现实情况下，难以观察到个体投资者在股票买卖决策过程中是否及如何进行企业价值评估，更无从得知公允价值计量信息是否及如何在企业价值估计过程中产生影响，这如同一个"黑箱"。已有文献主要通过测度公允价值计量信息对股票价格（或股票报酬率）的解释力，来说明公允价值计量信息中含有企业价值信息，对公允价值计量信息的估值作用进行间接度量。但这忽略了公允价值计量在市场涨跌过程中会通过"盯市"方式反映到上市公司的会计盈余中，而股票价格又受会计盈余的影响，导致研究结论存在内生性问题（汪建熙和王鲁兵，2009），而且公允价值信息与股价（或股票报酬率）之间的回归系数可能存在错误的统计推断，如王天东（2016）发现，有关会计数据价值相关性的实证研究受到尺度效应的影响，导致参数估计错误。此外，公允价值信息与股价（或股票报酬率）之间的相关性也容易受到资本市场有效程度的影响（王建新，2010；雷宇，2016）。因此，现有文献尚未直接检验公允价值计量信息的估值有用性。因此，现有研究尚未直接检验公允价值计量信息在个人投资决策中能否发挥其估值作用，权威会计准则制定机构在财务报表内推广公允价值计量的理由也尚未得到实证证实。

当前，随着我国证券市场的不断发展，企业间的产权转让和兼并收购等活动越来越频繁，作为一项重要的投资决策，企业需要在并购交易中借助专业的价值评估机构对被并购企业价值进行评估、出具评估报告，并进行对外披露①。这为直接检验公允价值计量信息是否具有估值作用提供了一个契机。借助于价值评估机构工作人员的企业价值评估过程，我们尝试了解和探究公允价值计量信息在其价值判断过程中是否及如何产生影响，对财务报表内列报的公允价值计量信息的估值作用进行研究。

因此，本研究选取上市公司并购视角，在实证部分（即本章及后续的第5章、第6章）以上市公司并购交易为研究对象，分别从价值评估机构的企业价值评估方法选择、企业价值评估溢价率和并购溢价率三个维度观察被并购企业财务报表中的公允价值计量信息是否影响及如何影响企业价值评估过程及结果，为讨论上市公司表内列报公允价值计量信息的必要性提供证据。

4.1　引言

企业价值评估方法是评估机构执业人员在估算企业价值过程中所使用的技术手段，虽然在理想状态下，当特定评估对象处于具体的市场条件时，评估人员的估值结果在一定范围内应当具有一致性，客观上的评估值应当不会随着评估方法的选择而出现明显变化，但是由于不同的评估方法所关注的重点内容和角度有所不同，其对被评估对象的价值判断也会随之产生不同的结果。因此，恰当选用评估方法非常重要，不同评估方法的选择对企业价值评估结果的合理性具有重要影响。如果选用的

---

① 如2010年国家税务总局公告第4号《企业重组业务企业所得税管理办法》，该办法要求在处理企业重组一般性税务时须提供资产评估报告。

评估方法并不适用于被评估企业，很可能会出现不恰当、不准确的评估结果；反之，恰当合适的评估方法则显然有利于提高评估值的准确性。简而言之，在价值评估的实务工作中，企业价值评估方法的选择是顺利开展实务工作的基础，因此尤为重要。

依据前述 2.3.1 章节中关于企业价值评估方法的介绍可知，在实务操作中，资产基础法要求价值评估机构以企业的资产负债表账面价值为基础，对企业各项单项资产（或负债）项目的市场价格进行估计，通过加总各单项资产（或负债）项目的价值来综合确定企业价值。收益法则是先对被评估企业的预期收益进行测度，随后对其进行资本化或折现处理，最终确定被评估对象的价值。而市场法则是指对被评估企业与类似企业进行对比分析，然后识别出两者各项参考指标的差异，调整和确定被评估企业的整体价值。总体而言，上述三种价值评估方法说明了价值评估机构参考被并购企业的财务报表资料进行企业价值评估的可能性，在一定程度上代表被并购企业报表内的公允价值计量信息在企业价值评估过程中所发挥的作用，其中，资产基础法强调以被评估企业的资产负债表为基础（李小荣等，2016），评估机构对被评估企业财务报表等相关资料的重视程度和依赖程度最高，而收益法和市场法对被并购企业财务报表的依赖程度逐渐降低。

已有文献关于影响企业价值评估方法选择的因素的研究表明，企业价值评估方法的选择主要受到标的资产特征、管理层特征和大股东操纵行为的影响。如在标的资产特征方面，秦璟（2013）和蔡璐等（2017）均认为标的资产特征会影响专业评估人员对企业价值评估方法的选择。在管理层特征方面，李小荣等（2016）提出，管理者的性别、自信程度、个人经历和宗教信仰等个人特征会通过影响企业资产的风险水平和收益水平对企业价值评估方法的选择及折现率系数的判断产生影响。在大股东操纵行为方面，叶陈刚等（2018）研究发现，大股东的操纵能力和操纵意愿越强，其选用收益法进行企业价值评估的可能性越大。而被并购企业财务报表内公允价值计量模式的运用水平是否会对企业价值评估方法的选择产生影响尚未得到相关研究的关注。

综上所述，本章选取价值评估机构在进行企业价值判断过程中对企业价值评估方法的选择这一视角，采用沪深两市 2007～2019 年上市公司数据，选取企业价值评估方法作为因变量，对被并购企业财务报表内列报的公允价值计量信息是否会对专业价值评估机构的企业价值评估方法选择产生影响，在此基础上，进一步研究了环境不确定性和专业评估机构行业排名对专业价值评估机构利用被并购企业财务报表内公允价值计量信息进行企业价值评估的可能性产生调节作用。

4.2 理论推导与研究假设

企业并购活动作为上市公司的一项重要决策，由于其涉及的金额之大、利益相关方之多，往往成为各界关注的焦点。在并购活动中，上市公司需要对被并购企业进行价值评估，并以企业价值评估的结果作为并购交易定价的重要依据；为了保证被并购企业价值评估的结果是客观公正的，上市公司往往会聘请专业的价值评估机构进行企业价值评估。在并购评估过程中，评估人员一般会使用其中 1～3 种评估方法进行评估，但最终仅会选取其中一种评估方法及其评估金额作为最终的价值评估结果，出具评估报告。

价值评估机构的执业人员在进行企业价值评估业务过程中，对于价值评估方法的选择需要同时参考多种因素进行综合考虑，比如，该次价值评估业务的目标、被评估对象的具体条件以及评估人员已经获取的相关资料等。其中，作为价值评估人员进行企业价值判断的一项基础资料，被并购企业的财务报表及其表内列报的会计信息可能会对企业价值评估判断产生影响。已有文献关于财务会计信息的经济后果领域的研究表明，会计计量属性具有较强的经济后果影响。相较于历史成本计量属性而言，公允价值计量属性在相关性和可靠性方面表现出明显不同的倾向性，采用不同计量属性生成的财务报表信息存在着明显差异，其提供的企业价值信息也有所不同。

FASB 和 IASB 高度重视财务报告概念框架对会计准则制定的指导作

用，并主张以财务报告的目标，即决策有用，作为财务报告概念框架的推演起点（戴德明，2012）。在决策有用观的指导下，在财务报告内采用公允价值计量属性的基本逻辑是：财务报告应当为使用者提供决策有用的信息；财务报告的主要使用者为企业资源提供者，即现实的和潜在的投资者与债权人（FASB，2010），而股票和债券的买卖、持有决策是现实的和潜在的投资者与债权人是否向企业提供资源的重要决策之一，与之最相关的信息为企业价值信息，如 IASB 在财务报告概念框架第一章"通用目的财务报告的目标"中指出"通用目的财务报告之设计意图并非展现报告主体的价值，但财务报告所提供的信息，有助于现实的和潜在的投资者、贷款人和其他债权人估计报告主体的价值。"① 因此，为了满足主要使用者的决策信息需求，财务报告应当提供估计报告主体价值的相关信息，这就要求财务报告提供的信息应当面向未来，而且应当尽可能及时充分地确认交易和其他事项对要素的影响，要求在财务报告中尽可能地按照公允价值进行计量（IASB，2018；毛新述等，2019）。基于 FASB 和 IASB 的推演逻辑，在财务报告中采用公允价值计量属性有助于评估企业价值，进而有助于为财务报告的主要使用者买卖权益工具、债务工具的决策提供相关信息。

本书认为，如果确如 FASB 和 IASB 所倡导的观点，即公允价值计量信息比历史成本计量信息具有更高的相关性，能够为财务报告使用者提供与企业价值评估更相关的估值信息，那么，在企业并购活动中，专业价值评估机构在评估被并购企业的企业价值时，更可能认可被并购企业财务报表内列报的公允价值计量信息，更可能在其价值评估过程中参考被并购企业财务报表内列报的各项资产（或负债）项目的公允价值。因此，可以预期，在认可公允价值计量信息的估值有用性的前提下，被并购企业的财务报表中公允价值计量运用程度越高，专业价值评估机构在其价值评估过程中越可能参考被并购企业的财务报表信息，采用资产基

第 4 章　公允价值计量与企业价值评估方法选择

① International Accounting Standards Board（IASB）. Conceptual Framework for Financial Reporting: The Elements of Financial Statements［EB/OL］. 2018.

础法评估得到估值数额作为最终估值结果的可能性越高。由此，提出本书的假设：

H4-1：在其他条件相同的情况下，被并购企业财务报表内公允价值计量的运用程度越高，专业价值评估机构采纳资产基础法的可能性越高。

4.3 研究设计

4.3.1 变量定义

1. 公允价值计量运用水平（FV）

（1）是否采用公允价值计量模式（FV_type）：若被并购企业当年采用公允价值计量模式，取值为1，反之取0；（2）公允价值计量程度（FV_ratio）：参考布拉滕等（Bratten et al. , 2016）及蔡利等（2018）学者的研究，以被并购企业采用公允价值计量的资产项目和负债项目的价值之和除以总资产的绝对值。其数值越大，说明被并购企业运用公允价值计量模式的程度越高；（3）公允价值计量范围（FV_items）：以被并购企业使用公允价值计量的会计科目数量总和来度量。其数值越大，说明被并购企业中公允价值计量模式的运用范围越大（见表4-1）。

表4-1   变量定义

变量类型	变量名称	变量符号	定义及度量方法
被解释变量	企业价值评估方法	Valuation_method	哑变量，采用资产基础法时取1，否则取0
解释变量	是否采用公允价值计量	FV_type	哑变量，若被并购企业采用公允价值计量取1，否则取0
	公允价值计量程度	FV_ratio	取被并购企业以公允价值计量资产和负债之和除以总资产的绝对值
	公允价值计量范围	FV_items	被并购企业以公允价值计量资产（或负债）项目的会计科目数量之和

变量类型	变量名称	变量符号	定义及度量方法
控制变量	公司规模	Size	以上市公司当年年末总资产的自然对数度量
	资产负债率	Lev	以期末总负债除以期末总资产度量
	资产收益率	Roa	以本期净利润除以当年期末总资产度量
	营业收入增长率	Growth	以当年的营业收入变动额除以上年的营业收入度量
	独立董事占比	Indratio	以当年独立董事人数占董事会总人数比例度量
	两职合一	Dual	当董事长同时兼任总经理时，取值为1；否则取0
	股权制衡度	Zindex	以第一大股东持股比例除以第二大股东持股比例度量
	董事会规模	Board	取当年董事会总人数的自然对数
	管理层持股比例	Mshare	以管理层持股数量总和除以总股数
	股权结构	First	第一大股东持股比例
哑变量	年度	Year	控制年度效应
	行业	Industry	控制行业效应

2. 企业价值评估方法（Valuation_method）

在并购交易过程中，专业评估机构进行企业价值评估时使用的评估方法有资产基础法、收益法和市场法。其中，以资产基础法最能代表被并购企业财务报表内会计信息为评估机构在企业价值评估过程提供参考的可能性。因此，本章以专业估值机构是否选用资产基础法为标准，度量专业评估机构利用被并购企业财务报表内列报的公允价值计量信息进行企业价值评估的可能性。专业评估机构在评估过程中对被并购企业财务报表内列报的公允价值计量信息利用程度越高，越可能选用资产基础法进行企业价值判断。根据现有文献（叶陈刚等，2018；翟进步等，2019），采用虚拟变量形式，当价值评估机构采用资产基础法进行度量时，企业价值评估方法取1；当价值评估机构采用收益法或市场法时，取0。

4.3.2 模型设定

为了检验公允价值计量与企业价值评估方法选择之间的关系，本书构建模型（4-1）对假设 1 进行检验：

$$Valuation\_method_{i,t} = \alpha_0 + \alpha_1 FV_{i,t} + \alpha_2 Size_{i,t} + \alpha_3 Lev_{i,t} + \alpha_4 Roa_{i,t}$$
$$+ \alpha_5 Growth_{i,t} + \alpha_6 Indratio_{i,t} + \alpha_7 Dual_{i,t} +$$
$$\alpha_8 Zindex_{i,t} + \alpha_9 Board_{i,t} + \alpha_{10} Mshare_{i,t} +$$
$$\alpha_{11} First_{i,t} + Year + Industry + \varepsilon_1 \qquad (4-1)$$

其中，$Valuation\_method_{i,t}$ 为因变量，是指被并购企业 i 在 t 年度进行的并购交易过程中，专业评估机构选择进行企业价值评估的方法；$FV_{i,t}$ 为自变量，是指被并购企业在 t 年度财务报表中的公允价值计量运用水平，包括是否采用公允价值计量（FV_type）、公允价值计量程度（FV_ratio）和公允价值计量范围（FV_items）。

此外，参考王竞达和刘辰（2011）、李小荣等（2016）和翟进步等（2019）学者的研究，本章对可能会对企业价值评估方法选择产生影响的其他因素已经进行控制，包括企业规模（Size）、资产负债率（Lev）、资产收益率（Roa）、总资产收益率（Growth）、独立董事比例（Indratio）、两职合一（Dual）、股权制衡度（Zindex）、董事会规模（Board）、管理层持股比例（Mshare）、第一大股东持股比例（First）等，具体定义如表 4-1 所示。此外，本章节中对年度固定效应和行业固定效应进行控制。

4.3.3 样本选择与数据来源

本书选择国泰安（CSMAR）并购重组数据库中我国沪深 A 股上市公司 2007～2019 年发生的并购交易事件作为基本样本。由于本书中研究的公允价值计量模式并未要求非上市公司采用，为保证样本的一致性和数据的可获得性，需要保证交易双方均为上市公司，因此本书保存了被并购方为上市公司的样本。为避免异常数据影响，本书做如下筛选：（1）剔除交易双方中包含金融行业上市公司的并购交易；（2）剔除重组期间 ST 或 *ST 的样本；（3）剔除同一控制下的企业合并、交易不成

功和收购比例低于20%的样本；（4）剔除资产剥离、资产置换、债务
重组、股份回购等重组类型的样本；（5）剔除海外并购的样本。经以
上筛选，同时考虑企业价值评估数据的可获得性，最终获得263个样
本。其他财务数据来自于国泰安（CSMAR）数据库。为避免极端值对
研究结果的影响，对连续变量进行了上下各1%水平上的Winsorize缩尾
处理。

4.4　实证检验与结果分析

4.4.1　样本的描述性统计

表4-2为变量的描述性统计结果，如表4-2所示，企业价值评估机
构选择成本法的均值达到0.338，标准差为0.368，最高值为1，表明我
国价值评估机构在并购交易过程中进行企业价值评估时，最终会根据资
产基础法来确定被评估方的价值评估结果的可能性相对较低。并购交易
企业中采用公允价值计量的企业达到67.3%，企业采用公允价值计量程
度的均值为0.031，标准差为0.064，企业采用公允价值计量范围的均值
为1.045，标准差为0.946，说明并购交易样本中，企业已经广泛使用公
允价值进行计量，但不同企业间也存在一定水平的差异。此外，本次研
究中各自变量的方差膨胀因子（VIF）均低于4，这意味着此次多元线性
回归模型中的自变量之间不存在严重的多重共线性。

表4-2　　　　　　　　　　主要变量的描述性统计

变量	样本量	均值	标准差	最小值	最大值	中位数	VIF
Valuation_method	263	0.338	0.368	0	1	1	—
FV_type	263	0.673	0.469	0	1	1	2.45
FV_ratio	263	0.031	0.064	0	0.419	0.003	2.31
FV_items	263	1.045	0.946	0	4	1	2.52

续表

变量	样本量	均值	标准差	最小值	最大值	中位数	VIF
Size	263	21.363	1.256	19.006	25.121	21.061	0.96
Lev	263	0.536	0.285	0.057	1.698	0.525	1.18
Roa	263	0.003	0.129	-0.433	0.613	0.009	1.48
Growth	263	0.278	1.761	-0.926	14.295	0.007	1.78
Indratio	263	0.375	0.048	0.308	0.500	0.364	2.02
Dual	263	0.287	0.453	0	1	0	2.52
Zindex	263	9.405	14.507	1.021	74.606	3.070	3.22
Board	263	2.101	0.217	1.609	2.708	2.197	3.23
Mshare	263	0.070	0.142	0	0.568	0.001	2.29
First	263	30.604	13.439	10.340	72.630	28.050	3.84

4.4.2 相关性分析

表 4-3 是相关系数矩阵，揭示了主要变量之间的相关关系。在 Pearson 系数中，企业是否采用公允价值计量（FV_type）、使用公允价值计量程度（FV_ratio）和使用公允价值计量范围（FV_items）与专业评估机构的企业价值评估方法（Valuation_method）的相关系数分别为 -0.107、-0.007 和 -0.104，分别在 1%、10% 和 1% 水平上显著负相关，整体而言，专业价值评估机构企业价值评估方法的选择与被并购企业采用公允价值计量模式的运用程度呈负相关关系。同时还发现，被并购企业的企业价值评估方法（Valuation_method）与企业规模、资产收益率、营业收入增长率等变量呈负相关关系，与负债水平、股权制衡度、董事长与总经理两职兼任、董事会规模和管理层持股比例等变量呈正相关关系。

表 4-3

主要变量的 Pearson 相关系数

变量	Valuation_method	FV_type	FV_ratio	FV_items	Size	Lev	Roa	Growth	Indratio	Dual	Zindex	Board	Mshare	First
Valuation_method	1	—	—	—	—	—	—	—	—	—	—	—	—	—
FV_type	-0.107***	1	—	—	—	—	—	—	—	—	—	—	—	—
FV_ratio	-0.007*	0.300***	1	—	—	—	—	—	—	—	—	—	—	—
FV_items	-0.104***	0.745***	0.390***	1	—	—	—	—	—	—	—	—	—	—
Size	-0.219***	0.280***	0.057***	0.423***	1	—	—	—	—	—	—	—	—	—
Lev	0.078***	0.030*	-0.162***	0.066***	0.123***	1	—	—	—	—	—	—	—	—
Roa	-0.119***	0.021	0.023	0.030*	0.010	-0.174**	1	—	—	—	—	—	—	—
Growth	-0.065***	0.052***	-0.051***	-0.013	0.210***	-0.020	0.187**	1	—	—	—	—	—	—
Indratio	-0.006	-0.024*	0.067***	-0.100***	-0.048**	-0.011	0.260**	0.113***	1	—	—	—	—	—
Dual	-0.015	-0.147***	0.049***	-0.070***	-0.152***	-0.156**	0.157**	-0.073**	-0.021	1	—	—	—	—
Zindex	0.029*	0.053***	-0.043***	0.086***	0.271***	0.226***	-0.090*	-0.027	-0.133**	-0.116**	1	—	—	—
Board	0.103***	0.213***	-0.068***	0.184***	0.217***	0.116***	-0.144**	-0.008	-0.474**	-0.216**	0.132**	1	—	—
Mshare	0.048***	-0.059***	-0.099***	-0.190***	-0.151***	-0.354***	0.072**	0.007	0.145**	0.026*	-0.166**	-0.167*	1	—
First	-0.041*	0.110***	-0.059***	0.085***	0.359***	0.150***	-0.018	0.192***	-0.087**	-0.141**	0.532**	0.166**	-0.071**	1

注：***、**、* 分别表示在1%、5%和10%水平上显著。

4.4.3 回归结果分析

表4-4中列示了被并购企业是否采用公允价值计量（FV_type）、采用公允价值计量程度（FV_ratio）和范围（FV_items）与其企业价值评估方法（Valuation_method）进行检验的回归结果。结果表明，表4-4中列（1）~列（3）中 FV_type、FV_ratio 和 FV_items 的系数分别为 -0.111、-0.291和-0.006，分别在1%、5%和1%的统计性水平上显著为负，说明被并购企业采用公允价值计量的水平与专业评估机构的企业价值评估方法显著负相关，即被并购企业的财务报表中运用公允价值计量的水平越高，价值评估机构选择以资产基础法进行企业价值评估的概率越低。这意味着，在我国上市公司并购交易的企业价值评估活动过程中，被并购企业的财务报表内列报的公允价值计量信息并没有发挥显著的估值作用，这说明前述 FASB 和 IASB 基于决策有用观提倡在财务报表内推广公允价值计量属性的理论推演结果并没有得到我国实践活动的证据支持。前述实证结果与权威准则制定机构的演绎推理结果并不一致，说明准则制定机构对于公允价值计量属性的理论期待与现实情况之间可能存在冲突。此外，在控制变量方面，企业规模、营业收入增长率、独立董事比例和管理层持股比例等均与其企业价值评估增值水平显著正相关；而资产收益率、资产负债率、董事长和总经理两职合一、董事会规模和管理层持股比例与其企业价值评估增值水平显著负相关。

表4-4　　　　　　　　公允价值计量与企业价值评估方法选择

被解释变量	Valuation_method		
	(1) FV = FV_type	(2) FV = FV_ratio	(3) FV = FV_items
FV	-0.111 *** (-6.817)	-0.291 ** (-2.152)	-0.006 *** (-2.751)
Size	0.018 ** (2.151)	0.003 ** (2.330)	0.003 ** (2.303)
Lev	-0.092 *** (-3.173)	-0.070 ** (-2.355)	-0.081 *** (-2.760)

续表

被解释变量	Valuation_method		
	（1） FV = FV_type	（2） FV = FV_ratio	（3） FV = FV_items
Roa	− 1. 165 *** （ − 14. 152）	− 1. 141 *** （ − 13. 759）	− 1. 154 *** （ − 13. 868）
Growth	0. 035 *** （9. 674）	0. 031 *** （8. 630）	0. 032 *** （8. 738）
Indratio	0. 715 *** （4. 134）	0. 648 *** （3. 718）	0. 656 *** （3. 755）
Dual	− 0. 023 （ − 1. 363）	− 0. 032 * （ − 1. 898）	− 0. 031 * （ − 1. 821）
Zindex	− 0. 001 * （ − 1. 781）	− 0. 001 ** （ − 2. 502）	− 0. 002 *** （ − 2. 646）
Board	− 0. 065 （ − 1. 569）	− 0. 092 ** （ − 2. 227）	− 0. 094 ** （ − 2. 266）
Mshare	0. 159 *** （3. 178）	0. 184 *** （3. 610）	0. 176 *** （3. 395）
First	− 0. 007 *** （ − 10. 899）	− 0. 007 *** （ − 9. 525）	− 0. 007 *** （ − 9. 629）
Constant	0. 516 ** （2. 221）	0. 805 *** （3. 466）	0. 795 *** （3. 361）
Year	Yes	Yes	Yes
Industry	Yes	Yes	Yes
N	263	263	263
Adjust_R^2	0. 482	0. 474	0. 473

注： *** 、 ** 、 * 分别表示在1%、5%和10%水平上显著。

4.5 稳健性检验

4.5.1 固定效应模型

为了降低公司个体层面因素对于本书研究结论的影响，本章尝试采用公司个体固定效应模型进行回归，增强研究结论的稳健性。固定效应模型的OLS回归结果如表4－5所示，列（1）中被并购企业采用公允价值计量模式（FV_type）的系数为 -0.111，在 1% 的统计性水平上显著为负，说明其与专业评估机构的企业价值评估方法选择之间显著负相关，列（2）中被并购企业采用公允价值计量模式的运用水平（FV_ratio）的系数为 -0.291，在 10% 的统计性水平上显著为负，说明其与专业评估机构的企业价值评估方法选择之间显著负相关，列（3）中被并购企业采用公允价值计量模式的运用范围（FV_ietms）的系数为 -0.006，在 10% 的统计性水平上显著为负，说明其与专业评估机构的企业价值评估方法选择之间显著负相关。总体而言，采用固定效应模型控制被并购企业个体层面因素后，回归结果与前文基本一致。

表 4 -5　　　　　　　　稳健性检验（一）：固定效应模型

被解释变量	Valuation_method		
	（1）FV = FV_type	（2）FV = FV_ratio	（3）FV = FV_items
FV	-0.111 *** (-6.078)	-0.291 * (-1.773)	-0.006 * (-1.650)
Size	0.018 (1.603)	0.003 (0.239)	0.003 (0.226)
Lev	-0.092 ** (-2.130)	-0.070 (-1.552)	-0.081 * (-1.861)
Roa	-1.165 *** (-10.063)	-1.141 *** (-9.967)	-1.154 *** (-10.032)
Growth	0.035 *** (7.780)	0.031 *** (7.161)	0.032 *** (7.295)
Indratio	0.715 *** (3.446)	0.648 *** (3.108)	0.656 *** (3.189)
Dual	-0.023 (-1.055)	-0.032 (-1.456)	-0.031 (-1.399)
Zindex	-0.001 (-1.379)	-0.001 * (-1.909)	-0.002 ** (-1.989)
Board	-0.065 (-1.304)	-0.092 * (-1.831)	-0.094 * (-1.884)
Mshare	0.159 *** (3.073)	0.184 *** (3.484)	0.176 *** (3.367)
First	-0.007 *** (-8.001)	-0.007 *** (-7.062)	-0.007 *** (-7.205)

续表

被解释变量	Valuation_method		
	（1） FV = FV_type	（2） FV = FV_ratio	（3） FV = FV_items
Constant	0.516* (1.701)	0.805*** (2.585)	0.795*** (2.601)
Year	Yes	Yes	Yes
Industry	Yes	Yes	Yes
Firm	Yes	Yes	Yes
N	215	215	215
Adjust_R^2	0.482	0.474	0.473

注：***、**、*分别表示在1%、5%和10%水平上显著。

4.5.2 工具变量法

本小节尝试采用工具变量法对本书前述假设进行检验，已有研究表明企业间会计信息披露具有"同伴效应"，多采用同行业会计信息均值为工具变量（李青原和王露萌，2019；王帆等，2020），"同年度同行业内企业公允价值计量的运用程度平均值（Peer_fv）"作为工具变量的回归结果如表4-6所示。在表4-6的列（1）、列（3）和列（5）中，工具变量（Peer_fv）与企业公允价值计量的使用程度（FV）显著正相关，系数分别为1.028、0.978和0.981，t值分别为75.752、80.735和69.808。根据弱工具变量的检验结果，各工具变量的F值均大于10，拒绝原假设，意味着在统计上，此次研究中该工具变量的选择具有合理性。列（2）、列（4）和列（6）中公允价值计量的运用程度（FV）的系数分别为-0.138、-0.289和-0.025，分别在1%、10%和5%的统计性水平上显著为负，与前述回归结果基本一致。

表4-6　　　　　　　稳健性检验（二）：工具变量法

被解释变量	Valuation_method					
	Peer_fv = Peer_fvtype FV = FV_type		Peer_fv = Peer_fvratio FV = FV_ratio		Peer_fv = Peer_fvitems FV = FV_items	
	（1） 一阶段	（2） 二阶段	（3） 一阶段	（4） 二阶段	（5） 一阶段	（6） 二阶段
Peer_fv	1.028*** (75.752)	—	0.978*** (80.735)	—	0.981*** (69.808)	—

公允价值信息的估值有用性——基于企业价值评估视角的研究

被解释变量	Valuation_method					
	Peer_fv = Peer_fvtype FV = FV_type		Peer_fv = Peer_fvratio FV = FV_ratio		Peer_fv = Peer_fvitems FV = FV_items	
	(1) 一阶段	(2) 二阶段	(3) 一阶段	(4) 二阶段	(5) 一阶段	(6) 二阶段
FV	—	-0.138 *** (-7.025)	—	-0.289 * (-1.805)	—	-0.025 ** (-2.478)
Size	0.028 *** (4.896)	0.022 ** (2.541)	-0.001 ** (-2.139)	0.003 (0.336)	0.083 *** (6.901)	0.012 (1.403)
Lev	0.127 *** (6.482)	-0.095 *** (-3.313)	-0.001 (-0.150)	-0.070 ** (-2.377)	0.330 *** (8.076)	-0.079 *** (-2.720)
Roa	0.293 *** (5.325)	-1.169 *** (-14.386)	0.034 *** (5.363)	-1.142 *** (-13.945)	0.349 *** (3.026)	-1.129 *** (-13.696)
Growth	0.029 *** (12.246)	0.036 *** (9.995)	0.001 *** (3.565)	0.031 *** (8.748)	0.026 *** (5.159)	0.031 *** (8.635)
Indratio	-0.225 * (-1.953)	0.726 *** (4.256)	-0.108 *** (-8.003)	0.648 *** (3.769)	0.380 (1.565)	0.709 *** (4.096)
Dual	-0.055 *** (-4.879)	-0.021 (-1.269)	-0.006 *** (-4.700)	-0.032 * (-1.922)	-0.056 ** (-2.371)	-0.029 * (-1.758)
Zindex	-0.001 ** (-2.289)	-0.001 (-1.602)	-0.000 *** (-6.310)	-0.001 ** (-2.537)	-0.005 *** (-6.143)	-0.001 ** (-2.274)
Board	0.154 *** (5.657)	-0.058 (-1.433)	-0.012 *** (-3.865)	-0.092 ** (-2.257)	0.223 *** (3.875)	-0.075 * (-1.810)
Mshare	0.171 *** (5.128)	0.157 *** (3.181)	-0.012 *** (-3.158)	0.184 *** (3.638)	-0.758 *** (-10.722)	0.131 ** (2.531)
First	0.001 *** (2.836)	-0.008 *** (-11.236)	-0.000 *** (-5.505)	-0.007 *** (-9.622)	-0.005 *** (-5.063)	-0.007 *** (-10.306)
Constant	-1.026 *** (-6.693)	0.457 ** (1.983)	0.129 *** (7.129)	0.804 *** (3.505)	-2.362 *** (-7.249)	0.605 ** (2.554)
Year	Yes	Yes	Yes	Yes	Yes	Yes
Industry	Yes	Yes	Yes	Yes	Yes	Yes
N	215	215	215	215	215	215
Adjust_R^2	0.866	0.495	0.929	0.488	0.861	0.485
F 值	17.52	—	13.46	—	18.50	—

注：***、**、*分别表示在1%、5%和10%水平上显著。

4.5.3 Probit 模型

考虑到因变量为专业评估机构是否采用资产基础法进行价值评估，本书采用 Probit 模型来检验专业评估机构在进行企业价值判断时采用资产基础法的可能性，结果如表 4 - 7 所示。在列（1）~列（3）中，企业采用公允价值计量的水平与专业价值评估机构在进行企业价值评估过程中选择资产基础法的概率显著负相关，公允价值计量水平（FV）的系数分别为 - 1.113、- 0.690 和 - 0.136，分别在 5%、10% 和 5% 的统计水平上显著为负，与前述回归结果基本一致。

表 4 - 7   稳健性检验（三）：Probit 模型

被解释变量	Valuation_method		
	（1） FV = FV_type	（2） FV = FV_ratio	（3） FV = FV_items
FV	- 1.113 ** (- 2.261)	- 0.690 * (- 1.729)	- 0.136 ** (- 1.996)
Size	0.078 (0.374)	- 0.032 (- 0.156)	- 0.006 (- 0.029)
Lev	0.656 (0.693)	0.387 (0.448)	0.693 (0.746)
Roa	- 10.347 ** (- 2.030)	- 9.907 ** (- 2.163)	- 9.477 ** (- 2.038)
Growth	0.243 *** (2.940)	0.278 *** (2.955)	0.251 *** (2.713)
Indratio	- 1.511 (- 0.286)	- 6.050 (- 1.155)	- 4.311 (- 0.865)
Dual	- 1.053 * (- 1.890)	- 1.065 ** (- 2.096)	- 1.092 ** (- 2.177)
Zindex	0.026 (1.051)	0.034 (1.338)	0.023 (0.934)
Board	- 0.626 (- 0.504)	- 1.992 (- 1.581)	- 1.429 (- 1.127)
Mshare	1.614 (1.063)	2.764 * (1.819)	1.691 (1.173)
First	- 0.026 (- 1.438)	- 0.016 (- 0.859)	- 0.023 (- 1.277)

续表

被解释变量	Valuation_method		
	（1）FV = FV_type	（2）FV = FV_ratio	（3）FV = FV_items
Constant	1.256 （0.207）	6.983 （1.148）	4.852 （0.822）
Year	Yes	Yes	Yes
Industry	Yes	Yes	Yes
N	218	218	218
Pseudo R²	0.3488	0.3331	0.3194

注：***、**、*分别表示在1%、5%和10%水平上显著。

4.6 进一步研究：环境不确定性和评估机构行业排名的调节作用

为进一步研究公允价值计量信息估值作用的发挥可能会受到现实条件的影响，本书继续讨论了在不同的市场环境和价值评估机构的行业排名下，被并购企业报表内列报的公允价值计量信息在价值评估机构的企业价值评估过程中估值作用的发挥情况。

4.6.1 环境不确定性的调节作用

所有企业都是在特定的市场环境中开展生产经营活动，企业面临的外部环境冲击即为环境不确定性。由于公允价值计量遵循盯市价格（或盯模价格），当外部市场环境的不确定程度较高时，不仅会导致被并购企业中以公允价值计量的资产（或负债）项目的价值变化更为频繁，其发挥价值相关性优势的可能性更低，而且企业资产（或负债）项目的公允价值中内含的不确定因素更多，专业的价值评估人员对相关资产（或负债）项目的公允价值计量信息进行复核和监督的难度也随之增强，明显降低了专业的价值评估机构关注和参考被并购企业财务报表内公允价值计量信息的可能性，即专业价值评估机构采用资产基础法进行企业价值估计的可能性更低。因此，本书认为，环境不确定性的提高，进一步降低了价值评估机构参考被并购企业表内列报的公允价值计量信息进行价值评估的可能性。

在模型（4-1）的基础上，参考戈什和奥尔森（Ghosh & Olsen，2009）、申慧慧（2010）和陈峻等（2015）学者的研究方法，采用企业过去5年剔除正常增长部分并经行业调整之后销售收入的标准差来表示企业面临的环境不确定性。在上述模型（4-1）中加入公允价值计量 $FV_{i,t}$ 与环境不确定性（EU）的交乘项，构建模型（4-2）检验就环境不确定性对被并购企业公允价值计量属性的运用水平与价值评估机构评估方法选择两者之间关系的调节作用进行检验：

$$\text{Valuation\_method}_{i,t} = \lambda_0 + \lambda_1 FV_{i,t} + \lambda_2 EU_{i,t} + \lambda_3 EU \times FV_{i,t} + \lambda_4 Size_{i,t}$$
$$+ \lambda_5 Lev_{i,t} + \lambda_6 Roa_{i,t} + \lambda_7 Growth_{i,t} + \lambda_8 Indratio_{i,t}$$
$$+ \lambda_9 Dual_{i,t} + \lambda_{10} Zindex_{i,t} + \lambda_{11} Board_{i,t} + \lambda_{12} Mshare_{i,t}$$
$$+ \lambda_{13} First_{i,t} + Year + Industry + \varepsilon_2 \qquad (4-2)$$

表4-8中的Panel A列（1）~列（3）列示了环境不确定性对被并购企业公允价值计量属性的运用水平与价值评估机构评估方法选择两者之间关系的调节作用进行检验的回归结果。结果表明，列（1）~列（3）中环境不确定性 EU 与公允价值运用程度的交乘项 EU × FV_type、EU × FV_ratio 和 EU × FV_items 的系数分别为 -0.109、-0.363 和 -0.002，分别在1%、5%和5%的统计性水平上显著为负，说明企业面临的环境不确定性越高，价值评估机构利用被并购企业表内公允价值计量信息进行企业价值评估的可能性越小。

表4-8　进一步研究：环境不确定性和评估机构行业排名的调节作用

变量	Panel A：环境不确定性			Panel B：价值评估机构行业排名		
	（1）FV = FV_type	（2）FV = FV_ratio	（3）FV = FV_items	（4）FV = FV_type	（5）FV = FV_ratio	（6）FV = FV_items
FV	-0.121*** (-4.022)	-0.045** (-2.246)	-0.021* (-1.851)	-0.093* (-1.735)	-0.094** (-2.248)	-0.024* (-1.933)
EU	0.142*** (4.717)	0.009* (1.752)	0.029 (1.152)	—	—	—

公允价值信息的估值有用性——基于企业价值评估视角的研究

变量	Panel A：环境不确定性			Panel B：价值评估机构行业排名		
	(1) FV = FV_type	(2) FV = FV_ratio	(3) FV = FV_items	(4) FV = FV_type	(5) FV = FV_ratio	(6) FV = FV_items
EU × FV	−0.109*** (−3.239)	−0.363** (−2.509)	−0.002** (−2.125)	—	—	—
Top5	—	—	—	−0.141* (−1.848)	−0.065 (−1.316)	−0.005 (−0.075)
Top5 × FV	—	—	—	−0.209** (−2.362)	−0.867** (−2.286)	−0.012** (−2.269)
Size	0.012 (1.386)	−0.025*** (−2.862)	−0.015 (−1.620)	0.016 (0.740)	−0.012 (−0.539)	0.001 (0.040)
Lev	−0.052** (−1.966)	−0.051* (−1.845)	−0.054** (−1.965)	0.121* (1.684)	0.099 (1.325)	0.120 (1.620)
Roa	−0.586*** (−7.419)	−0.633*** (−7.729)	−0.589*** (−7.184)	−0.107 (−0.482)	−0.301 (−1.302)	−0.166 (−0.723)
Growth	0.018*** (5.325)	0.014*** (3.930)	0.013*** (3.638)	0.010 (0.991)	0.004 (0.350)	0.005 (0.508)
Indratio	1.157*** (7.341)	1.088*** (6.676)	1.141*** (6.973)	−0.312 (−0.662)	−0.190 (−0.396)	−0.253 (−0.527)
Dual	−0.109*** (−7.033)	−0.124*** (−7.754)	−0.121*** (−7.548)	−0.070 (−1.444)	−0.075 (−1.521)	−0.068 (−1.366)
Zindex	−0.001 (−0.612)	−0.001* (−1.901)	−0.001* (−1.711)	0.003* (1.905)	0.002 (1.549)	0.002 (1.607)
Board	0.042 (1.104)	−0.005 (−0.128)	0.007 (0.190)	−0.105 (−0.921)	−0.169 (−1.473)	−0.122 (−1.046)
Mshare	0.278*** (5.836)	0.338*** (6.817)	0.286*** (5.653)	0.478*** (2.686)	0.428** (2.312)	0.444** (2.412)
First	−0.007*** (−11.290)	−0.006*** (−8.676)	−0.006*** (−9.271)	−0.004** (−2.121)	−0.002 (−1.316)	−0.003 (−1.492)
Constant	0.310 (1.359)	1.085*** (4.702)	0.875*** (3.648)	0.845 (1.434)	1.504** (2.526)	1.125* (1.821)
Year	Yes	Yes	Yes	Yes	Yes	Yes
Industry	Yes	Yes	Yes	Yes	Yes	Yes
N	245	245	245	211	211	211
Adjust R^2	0.560	0.529	0.530	0.298	0.269	0.259

注：***、**、*分别表示在1%、5%和10%水平上显著。

4.6.2 评估机构行业排名的调节作用

价值评估机构作为并购交易中企业价值评估工作的重要执行者，在评估过程中发挥着重要作用。在进行企业价值评估的过程中，需要评估人员根据事先制定的评估计划、程序和标准来开展，评估质量依赖于评估人员的专业知识、经验和职业判断。德安吉洛（DeAngelo，1981）研究发现相较于小规模的会计师事务所而言，规模大的会计师事务所其从业人员的职业能力更强，事务所积累的声誉资本也更高。我们有理由相信，同为中介机构，价值评估机构的行业排名在一定程度上可能会对企业价值评估过程存在显著影响，如马海涛等（2017）研究发现，行业排名靠前的价值评估机构在组织资本、人力资本和继续教育等方面具有明显优势。因此，具有行业领先优势的价值评估机构在进行企业价值评估时，信息来源更为广泛（Kelly & Ljungqvist，2012），利用被并购企业财务报表内的公允价值计量信息进行价值评估的可能性更低。因此，本书认为，相较于行业排名靠后的价值评估机构而言，行业排名靠前的价值评估机构利用被并购企业表内列报的公允价值计量信息进行价值评估的可能性更低。

在模型（4-1）的基础上，本书借鉴宋顺林和翟进步（2014）与马海涛等（2017）学者的有关研究，以中国资产评估协会提供的排名顺序来衡量。具体而言，本书将该指标设定成虚拟变量，对位列《综合评价前百家名单》中排名前 5 位的资产评估机构取 1，反之，取 0。[①] 在上述模型（4-1）中加入公允价值计量（$FV_{i,t}$）与企业价值评估机构行业排名（Top5）的交乘项，构建模型（4-3）：

$$Valuation\_method_{i,t} = \beta_0 + \beta_1 FV_{i,t} + \beta_2 Top5_{i,t} + \beta_3 Top5 \times FV_{i,t} + \beta_4 Size_{i,t}$$
$$+ \beta_5 Lev_{i,t} + \beta_6 Roa_{i,t} + \beta_7 Growth_{i,t} + \beta_8 Indratio_{i,t}$$

---

① 在实务工作中，2007~2010 年仅有北京市资产评估协会公布了北京地区资产评估机构排名情况，中国资产评估协会自 2011 年起开始正式公布《综合评价前百家名单》，经过对比，除个别情况外，2011~2019 年综合排名前 5 位的资产评估机构大多位于北京市，因此为了兼顾研究数据的一致性和可得性，特将北京市资产评估协会与中国资产评估协会公布的综合排名合并处理，以此得到 2007~2019 年资产评估机构排名。

$$+ \beta_9 \text{Dual}_{i,t} + \beta_{10} \text{Zindex}_{i,t} + \beta_{11} \text{Board}_{i,t} + \beta_{12} \text{Mshare}_{i,t}$$

$$+ \beta_{13} \text{First}_{i,t} + \text{Year} + \text{Industry} + \varepsilon_3 \qquad (4-3)$$

表 4-8 中的 Panel B 列（4）~ 列（6）列示了价值评估机构的行业排名对被并购企业公允价值计量属性的运用水平与价值评估机构评估方法选择两者之间关系的调节作用进行检验的回归结果。结果表明，列（4）~ 列（6）中企业价值评估机构行业排名 Top5 与公允价值运用程度 FV 的交乘项 Top5 × FV_type、Top5 × FV_ratio 和 Top5 × FV_items 的系数分别为 -0.209、-0.867 和 -0.012，均在 5% 的统计性水平上显著为负，说明行业排名越靠前的价值评估机构，其利用被并购企业财务报表内的公允价值计量信息进行价值评估的可能性越小。

综上所述，价值评估机构利用被并购企业财务报表内的公允价值计量信息进行价值评估的可能性容易受到环境不确定水平和价值评估机构自身的行业排名影响，为前述"财务报表内列报的公允价值计量信息难以为价值评估机构提供估值作用"的研究结论提供了更多的证据支持。

4.7 本章小结

本章首次借助于专业评估机构的企业价值评估工作中企业价值评估方法的选择研究了被并购企业财务报表内列报的公允价值计量信息的估值有用性，并进一步研究了环境不确定程度和评估机构行业排名对于公允价值计量模式发挥估值有用性的影响。基于《企业价值评估指导意见（试行）》（2014）中对估值机构常用的三种企业价值评估方法的介绍，相较于收益法和市场法而言，使用资产基础法对企业价值进行评估时，专业评估机构利用被并购方的财务报表资料内列报的公允价值计量信息进行企业价值评估的可能性更高。在现行财务报告体系下，依据 FASB 和 IASB 倡导的"公允价值计量模式引入财务报表内报告、提高财务报表使用者进行企业价值评估"这一逻辑演绎，被并购企业财务报表中公允价值计量模式的运用水平的提高应当有助于企业专业评估机构进行企业价值评估，增强估值机构对于被并购企业财务报表的依赖程度。

在此情况下，本章对被并购企业财务报表中公允价值计量模式的使用水平与专业价值评估机构对企业价值评估方法的选择两者之间的关系进行研究。实证结果发现，在并购交易业务中，被并购企业财务报表中公允价值计量的运用程度越高，专业评估人员选择资产基础法作为企业价值评估方法的可能性越低，说明专业评估机构执业人员对被并购企业财务报表的依赖程度越低。这意味着，在我国上市公司并购交易的企业价值评估活动过程中，被并购企业的财务报表内列报的公允价值计量信息并没有发挥显著的估值作用。

本章继续探讨了被并购企业所处环境的不确定程度和评估机构的行业排名情况对于被并购企业财务报表中公允价值计量模式运用程度与专业评估机构对企业价值评估方法选择之间关系的调节作用。实证结果发现，环境不确定性水平越高，专业价值评估机构选择以资产基础法进行企业价值评估的可能性越低；相较于行业排名靠后的价值评估机构而言，行业排名靠前的价值评估机构利用被并购企业表内列报的公允价值计量信息进行价值评估的可能性更低。

本章的研究说明了公允价值计量在提高财务报表估值作用方面存在局限性，支持了葛家澍等学者关于在财务报表中同时使用多种计量属性、混淆已实现利润和未实现利得容易消耗会计信息有用性的观点。

第 5 章　公允价值计量与企业价值评估溢价

5.1　引言

本章延续第 4 章中提及的专业价值评估机构的企业价值评估过程进行研究，从价值评估机构的企业价值评估结果这一维度，继续探讨财务报表内列报的公允价值计量信息在企业价值评估方面的作用，具体研究被并购企业财务报表内列报的公允价值计量信息对于价值评估机构的企业价值评估溢价率的影响。产权交易，特别是并购交易中，如何客观公正地衡量被并购企业的价值是影响交易成功与否的关键问题。作为评估交易被并购企业价值的独立第三方，价值评估机构在产权交易中发挥的定价作用不断凸显，但现有研究对价值评估机构定价作用的关注仍较为贫乏（马海涛等，2017；李小荣等，2016）。考虑到价值评估机构的专业性及其在企业价值评估过程中的特殊地位，本章尝试讨论被并购方财务报表内列报的公允价值计量信息是否会影响价值评估机构对被并购企业价值的评估与判断。

本书采用沪深两市 2007～2019 年上市公司数据，选取企业价值评估溢价率作为因变量，研究了上市公司运用公允价值计量水平对其企业价值评估溢价率的影响。在此基础上，进一步考察了环境不确定性和评估机构行业排名对两者关系的影响。实证结果表明，被并购企业采用公允价值计量模式的水平越高，价值评估机构对于被并购企业价值的估计溢价水平越高。同时，两者之间的关系受环境不确定性和评估机构行业排名的影响。

与前人研究相比，本章的贡献主要体现在以下三个方面：第一，本章从专业估值机构对被并购企业价值估值溢价视角关注财务报表中公允价值计量信息发挥估值作用的情况。现有文献关于公允价值计量模式估值有用性的研究多集中于财务报表内采用公允价值计量的价值相关性（Song et al.，2010；刘永泽和孙嵩，2011；张先治和季侃，2012；曲晓辉和黄霖华，2013；Goh et al.，2015；雷宇，2016）或影响分析师盈利预测（曲晓辉和毕超，2016；毛志宏和徐畅，2017；李端生等，2017）等，少有文献从价值评估机构对被并购企业价值评估溢价视角观察公允价值计量信息的估值作用。第二，本书丰富了企业价值评估溢价影响因素的相关研究。国内外文献中有关专业估值机构对于企业价值评估溢价的研究多是从企业价值评估方法的选择（李小荣等，2016）、大股东操纵（徐玉德和齐丽娜，2010；崔婧和杨思静，2017；叶陈刚等，2018）、业绩补偿承诺（翟进步等，2019）、高管特质（赵毅和张双鹏，2020）等维度探究专业评估机构估值溢价的影响因素。本书关注了被并购企业财务报表内公允价值计量模式的运用程度对其企业价值评估溢价产生的影响，拓展了企业价值评估溢价领域的研究。第三，本书在研究被并购企业公允价值计量运用水平与企业价值评估溢价率之间关系的基础上，进一步考察了专业评估机构行业排名和上市公司环境不确定性对两者之间关系的调节作用，探究了两者之间的作用机理，丰富并深化了公允价值计量与企业价值评估溢价关系的研究。

5.2　理论推导与研究假设

已有文献发现，在价值评估机构的企业价值判断过程中，被并购企业的企业价值评估受到多方面因素影响，如王瑞丽和上官鸣（2013）发现被并购企业的规模大小、企业的固定资产比例等特征与企业价值的评估价显著相关。陈骏和徐玉德（2012）、宋顺林和翟进步（2014）、叶陈刚等（2018）研究发现并购过程中大股东操纵动机越强，被并购方的企业价值估计值越高。宋顺林和翟进步（2014）还发现价值评估机构的规模会对企业价值判断结果产生影响。翟进步等（2019）提出并购重组过程中的业绩承诺机制具有信号作用，能够向外传递积极信号，会明显推高被并购企业价值的评估价。总体而言，被并购方企业价值的评估价值，不仅随被并购企业特征的变化而变化，同时也受到价值评估机构的执业能力、并购过程中大股东的操纵动机等诸多因素的影响。

基于前述 FASB 和 IASB 倡导在财务报表内采用公允价值计量模式的推演逻辑，在财务报表中采用公允价值计量属性对企业单项资产（或负债）项目进行计价，能够提供企业估值信息，进而有助于财务报告的主要使用者进行买卖权益工具、债务工具的决策。

本书认为，如果延续 FASB 和 IASB 所倡导的观点，即财务报表内列报的公允价值计量信息比历史成本计量信息具有更高的相关性，能够为财务报告使用者提供与企业价值评估更相关的估值信息。而价值评估机构的企业价值评估过程，实质上是对企业当前状态下的公允价值进行估计，那么，在企业并购活动中，专业价值评估机构在评估被并购企业的企业价值时，对于被并购企业财务报表内列报的单项资产（或负债）项目的公允价值计量信息应具有较高的认可度，更可能在其价值评估过程中参考被并购企业财务报表内列报的企业单项资产（或负债）项目的公允价值计量信息。因此，可以预期，延续公允价值计量信息具有估值优势的这一假设，被并购企业财务报表内的公允价值计量运用程度越高，财务报表内的资产（或负债）项目的公允价值计量信息越接近市场价值，专业价值评估机构在其价值评估过程中越可能参考被并购企业的财务报表信息，企业价值评估的溢价率应该更低。由此，提出本书的假设：

H5-1：在其他条件相同的情况下，被并购企业财务报表内采用公允价值计量的程度越高，其企业价值评估的溢价率水平越低。

5.3　研究设计

5.3.1　变量定义

1. 公允价值计量（FV）

（1）是否采用公允价值计量模式（FV_type）：若被并购企业当年

采用公允价值计量模式，则取值 1，否则取 0；（2）公允价值计量程度
（FV_ratio）：参考布拉滕等（Bratten et al.，2016）及蔡利等（2018）
学者的研究，以被并购企业采用公允价值计量的资产项目和负债项目的
价值之和除以总资产的绝对值来进行度量。数值越大，说明被并购企业
运用公允价值计量模式的程度越高；（3）公允价值计量范围（FV_
items）：以被并购企业使用公允价值计量的会计科目数量总和来度量。
其数值越大，说明被并购企业中公允价值计量模式的运用范围越大
（见表 5 - 1）。

表 5 - 1 变量定义及度量方法

变量类型	变量名称	变量符号	定义及度量方法
被解释变量	企业价值评估溢价率	Valuation_add	（评估值 - 账面价值）/账面价值
解释变量	是否采用公允价值计量	FV_type	哑变量，若被并购企业采用公允价值计量取值为 1，否则为 0
	公允价值计量程度	FV_ratio	取被并购企业以公允价值计量资产和负债之和除以总资产的绝对值
	公允价值计量范围	FV_items	被并购企业以公允价值计量资产（或负债）项目的会计科目数量之和
控制变量	公司规模	Size	以上市公司当年年末总资产的自然对数度量
	资产负债率	Lev	以期末总负债除以期末总资产度量
	资产收益率	Roa	以本期净利润除以当年期末总资产度量
	营业收入增长率	Growth	以当年的营业收入变动额除以上年的营业收入度量
	独立董事占比	Indratio	以当年独立董事人数占董事会总人数的比例度量
	两职合一	Dual	当董事长同时兼任总经理时，取值为 1；否则取 0
	股权制衡度	Zindex	以第一大股东持股比例除以第二大股东持股比例度量
	董事会规模	Board	取当年董事会总人数的自然对数
	管理层持股比例	Mshare	以管理层持股数量总和除以总股数
	股权结构	First	第一大股东的持股比例
	业绩承诺机制	Promise	哑变量，若并购过程中存在业绩承诺取 1，否则取 0
哑变量	年度	Year	控制年度效应
	行业	Industry	控制行业效应

2. 企业价值评估溢价率（Valuation_add）

根据现有文献（陈骏和徐玉德，2012；谢纪刚和张秋生，2013；赵毅和张双鹏，2020），采用价值评估机构对被并购企业的评估价值与其账面价值两者之间的差额，相对其账面价值的比率来衡量企业价值评估溢价率。该指标越大，说明价值评估机构对被并购企业股东全部权益价值的评估值越高于被并购企业的账面价值。

5.3.2 模型设定

为了检验公允价值计量与企业价值评估溢价之间的关系，本章构建模型（5-1）对假设 H5-1 进行检验：

$$
\begin{aligned}
\text{Valuation\_add}_{i,t} = {} & \alpha_0 + \alpha_1 \text{FV}_{i,t} + \alpha_2 \text{Size}_{i,t} + \alpha_3 \text{Lev}_{i,t} + \alpha_4 \text{Roa}_{i,t} \\
& + \alpha_5 \text{Growth}_{i,t} + \alpha_6 \text{Indratio}_{i,t} + \alpha_7 \text{Dual}_{i,t} + \alpha_8 \text{Zindex}_{i,t} \\
& + \alpha_9 \text{Board}_{i,t} + \alpha_{10} \text{Mshare}_{i,t} + \alpha_{11} \text{First}_{i,t} + \alpha_{12} \text{Promise}_{i,t} \\
& + \text{Year} + \text{Industry} + \varepsilon_1
\end{aligned}
\tag{5-1}
$$

其中，$\text{Valuation\_add}_{i,t}$ 为因变量，是指被并购企业 i 在 t 年度进行并购交易业务时，专业价值评估机构对 i 公司进行价值评估的评估溢价率，具体计算公式为（企业价值评估价 - 资产账面价）/资产账面价；$\text{FV}_{i,t}$ 为自变量，是指被并购企业 i 在 t 年度财务报表中的公允价值计量运用水平，包括是否采用公允价值计量（FV_type）、公允价值计量程度（FV_ratio）和公允价值计量范围（FV_items）。

此外，参考王竞达和刘辰（2011）、李小荣等（2016）和翟进步等（2019）学者的研究，本书控制了其他影响企业价值评估溢价的因素，包括企业规模（Size）、资产负债率（Lev）、资产收益率（Roa）、总资产收益率（Growth）、独立董事比例（Indratio）、两职合一（Dual）、股权制衡度（Zindex）、董事会规模（Board）、管理层持股比例（Mshare）、第一大股东持股比例（First）和业绩承诺机制（Promise）等，具体定义如表 5-1 所示。此外，本章节中对年度固定效应和行业固定效应进行控制。

5.3.3 样本选择与数据来源

本书选择国泰安（CSMAR）并购重组数据库中我国沪深两市 A 股上市公司 2007～2019 年间发生的并购交易事件作为基本样本。由于本书中研究的公允价值计量模式并未要求非上市公司采用，为保证样本的一致性和数据的可获得性，需要保证交易双方均为上市公司，因此本书保存了被并购方为上市公司的样本。为避免异常数据影响，本书做如下筛选：（1）剔除交易双方中包含金融行业上市公司的并购交易；（2）剔除重组期间 ST 或 *ST 的样本；（3）剔除同一控制下的企业合并、交易不成功和收购比例低于 20% 的样本；（4）剔除资产剥离、资产置换、债务重组、股份回购等重组类型的样本；（5）剔除海外并购的样本。经以上筛选，本书共取得 263 个并购交易样本。企业价值评估数据和其他财务数据来自于国泰安数据库。为避免极端值对研究结果的影响，对连续变量进行了上下各 1% 水平上的 Winsorize 缩尾处理。

5.4 实证检验与结果分析

5.4.1 样本的描述性统计

表 5 - 2 为变量的描述性统计结果，如表 5 - 2 所示，专业的价值评估机构对被并购企业净资产的评估溢价率平均达到 78.3%，标准差为 2.384，评估价的最高值达到原账面净值的 12.084 倍，表明我国价值评估机构对于企业净资产的评估价值远高于企业账面价值。并购交易企业中采用公允价值计量的企业达到 67.3%，企业采用公允价值计量程度的均值为 0.031，标准差为 0.072；企业采用公允价值计量范围的均值为 1.045，标准差为 0.946，这说明并购交易企业中已经广泛使用公允价值进行计量，但不同企业间也存在一定水平的差异。此外，本次研究中各自变量的方差膨胀因子（VIF）均低于 5，这意味着此次多元线性回归模型中的自变量之间不存在严重的多重共线性。

表 5 - 2			主要变量的描述性统计结果				
变量	样本量	均值	标准差	最小值	最大值	中位数	VIF
Valuation_add	263	0.783	2.384	-8.690	12.084	0.721	—
FV_type	263	0.673	0.469	0.000	1.000	1.000	2.45
FV_ratio	263	0.031	0.072	-0.001	0.419	0.030	2.17
FV_items	263	1.045	0.946	0.000	4.000	1.000	2.52
Size	263	21.363	1.256	19.006	25.121	21.061	0.96
Lev	263	0.536	0.285	0.057	1.698	0.525	1.18
Roa	263	0.003	0.129	-0.433	0.613	0.009	1.48
Growth	263	0.278	1.761	-0.926	14.295	0.007	1.78
Indratio	263	0.375	0.048	0.308	0.500	0.364	2.02
Dual	263	0.287	0.453	0.000	1.000	0.000	2.52
Zindex	263	9.405	14.507	1.021	74.606	3.070	3.22
Board	263	2.101	0.217	1.609	2.708	2.197	3.23
Mshare	263	0.070	0.142	0.000	0.568	0.001	2.29
First	263	30.604	13.439	10.340	72.630	28.050	3.84
Promise	263	0.049	0.217	0.000	1.000	0.000	3.65

5.4.2 相关性分析

表 5 - 3 是相关系数矩阵，揭示了主要变量之间的相关关系。在 Pearson 系数中，企业是否采用公允价值计量（FV_type）、使用公允价值计量程度（FV_ratio）和使用公允价值计量范围（FV_items）与被并购企业的企业价值评估溢价率（Valuation_add）的相关系数分别为 0.092、0.004 和 0.081，分别在 1%、10% 和 1% 的统计性水平上呈现显著正相关关系。同时还发现，被并购企业的企业价值评估溢价率（Valuation_add）与企业规模、资产收益率、独立董事比例和业绩承诺机制等变量呈正相关关系，与负债水平、董事长与总经理两职兼任、董事会规模等变量呈负相关关系。

第5章 公允价值计量与企业价值评估溢价

表 5-3

主要变量的 Pearson 相关系数

变量	1	2	3	4	5	6	7	8	9	10	11	12	13	14	15
Valuation_add	1	—	—	—	—	—	—	—	—	—	—	—	—	—	—
FV_type	0.092***	1	—	—	—	—	—	—	—	—	—	—	—	—	—
FV_ratio	0.004*	0.300***	1	—	—	—	—	—	—	—	—	—	—	—	—
FV_items	0.081***	0.745***	0.390***	1	—	—	—	—	—	—	—	—	—	—	—
Size	0.168***	0.280***	0.057***	0.423***	1	—	—	—	—	—	—	—	—	—	—
Lev	-0.064***	0.030*	-0.162***	0.066***	0.123***	1	—	—	—	—	—	—	—	—	—
Roa	0.087***	0.021	0.023	0.030*	0.010	-0.174***	1	—	—	—	—	—	—	—	—
Growth	0.0232	0.052***	-0.051***	-0.013	0.210***	-0.020	0.187***	1	—	—	—	—	—	—	—
Indratio	0.199***	-0.024	0.067***	-0.100***	-0.048***	-0.011	0.260***	0.113***	1	—	—	—	—	—	—
Dual	-0.048***	-0.147***	0.050***	-0.070***	-0.152***	-0.156***	0.157***	-0.073***	-0.021	1	—	—	—	—	—
Zindex	-0.112***	0.053*	-0.043*	0.086***	0.271***	0.226***	-0.090***	-0.027	-0.133***	-0.116***	1	—	—	—	—
Board	-0.123***	0.213***	-0.068***	0.184***	0.217***	0.116***	-0.144***	-0.008	-0.474***	-0.216***	0.132***	1	—	—	—
Mshare	0.083***	-0.060***	-0.099***	-0.199***	-0.151***	-0.354***	0.072***	0.007	0.145***	0.026*	-0.166***	-0.167***	1	—	—
First	-0.153***	0.110***	-0.059***	0.085***	0.359***	0.150***	-0.018	0.192***	-0.087***	-0.141***	0.532***	0.166***	-0.071***	1	—
Promise	0.104***	0.159***	0.016	0.230***	-0.043*	0.079***	-0.029*	0.184***	-0.071***	-0.014	0.175***	0.027*	-0.108***	0.160***	1

注：***、**、*分别表示在1%、5%和10%水平上显著。

5.4.3 回归结果分析

表5-4中列示了被并购企业是否采用公允价值计量（FV_type）、采用公允价值计量程度（FV_ratio）和范围（FV_items）与其企业价值评估溢价率（Valuation_add）进行检验的回归结果。结果表明，列（1）~列（3）中 FV_type、FV_ratio 和 FV_items 的系数分别为 0.376、4.709 和 0.252，均在1%的统计性水平上显著为正，说明被并购企业采用公允价值计量模式、公允价值计量模式运用程度和运用范围均与其企业价值评估溢价率显著正相关，即被并购企业的财务报表中列报的公允价值计量信息水平越高，价值评估机构对企业价值的估计水平越高。这意味着，在我国上市公司并购交易的企业价值评估活动过程中，被并购企业的财务报表内列报的公允价值计量信息并没有发挥显著的估值作用。

表5-4　　　　　　　　公允价值计量与企业价值评估溢价率

被解释变量	Valuation_add		
	（1）FV = FV_type	（2）FV = FV_ratio	（3）FV = FV_items
FV	0.376 *** (4.249)	4.709 *** (6.847)	0.252 *** (5.524)
Size	−0.227 *** (−5.399)	−0.197 *** (−4.857)	−0.256 *** (−5.985)
Lev	−0.514 *** (−3.622)	−0.384 *** (−2.687)	−0.573 *** (−4.042)
Roa	3.488 *** (8.612)	3.436 *** (8.560)	3.263 *** (8.112)
Growth	−0.144 *** (−8.103)	−0.137 *** (−7.773)	−0.122 *** (−6.765)
Indratio	2.230 *** (2.657)	2.146 ** (2.570)	2.074 ** (2.476)
Dual	−0.794 *** (−9.769)	−0.776 *** (−9.620)	−0.773 *** (−9.557)
Zindex	−0.007 ** (−2.564)	−0.005 * (−1.852)	−0.007 ** (−2.416)
Board	1.386 *** (6.951)	1.421 *** (7.201)	1.300 *** (6.488)

被解释变量	Valuation_add		
	（1）FV = FV_type	（2）FV = FV_ratio	（3）FV = FV_items
Mshare	1.279 *** (5.196)	1.559 *** (6.338)	1.568 *** (6.325)
First	−0.007 ** (−2.084)	−0.007 ** (−2.056)	−0.006 * (−1.777)
Promise	2.796 *** (14.629)	2.908 *** (16.815)	2.630 *** (13.453)
Constant	2.057 * (1.819)	1.767 (1.587)	2.698 ** (2.362)
Year	Yes	Yes	Yes
Industry	Yes	Yes	Yes
N	263	263	263
Adjust_R^2	0.532	0.537	0.534

注：*** 、** 、* 分别表示在1%、5%和10%水平上显著。

本章实证结果与权威准则制定机构的演绎推理结果并不一致，这说明准则制定机构对于公允价值计量属性的理论期待与现实情况之间可能存在冲突。除此之外，在控制变量方面，企业规模、资产负债率、营业收入增长率、董事长和总经理两职合一等均与其企业价值评估增值水平显著负相关；而资产收益率、独立董事比例、董事会规模和管理层持股比例与其企业价值评估增值水平显著正相关。

5.5 稳健性检验

5.5.1 变更企业价值评估溢价率的度量方式

为了验证上述实证结果的稳定性，考虑到在价值评估中企业价值的评估值超出其账面价值的现象较为普遍，专业价值评估机构对企业价值的评估值溢价可能存在一定的合理性，为了控制这一因素的影响，本书参考宋顺林和翟进步（2014）、叶陈刚等（2018）、翟进步等（2019）的研究，采用经行业均值调整得到的企业价值评估超额溢价率（Valuation_ add2）重新度量企业价值评估溢价水平。即以同行业企业价值评估溢价率的均值视为正常溢价率，评估异常溢价率等于企业价值评估溢价率减去同行业企业价值正常评估溢价率。同时，采用经中位数调整得到的企业价值评估异常增值（Valuation_add3）重新度量企业价值评估溢价水平。即以哑变量形式重新度量企业的企业价值评估增值水平，当企业价值评估溢价率高于同行业企业价值评估溢价率中位数时，取1，否则取0。

重新采用经行业均值调整的企业价值评估溢价率和经行业中位数调整的企业价值评估溢价率指标重新进行 OLS 回归的结果，分别如表5-5的 Panel A 和 Panel B 所示。表5-5 中的 Panel A 列（1）~列（3）中被并购企业采用公允价值计量模式（FV_type）、公允价值计量模式的运用程度（FV_ratio）及公允价值计量模式的运用范围（FV_items）与经过行业均值调整的企业价值评估异常溢价率的回归系数分别为0.929、7.348和0.388，均在1%的统计性水平上显著为正，这说明被并购企业财务报表内列报的公允价值计量信息水平与专业评估机构的企业价值评估溢价率之间显著正相关；表5-5 中的 Panel B 列（1）~列（3）中被并购企业采用公允价值计量模式（FV_type）、公允价值计量模式的运用程度（FV_ratio）及公允价值计量模式运用范围（FV_items）与经过行业中位数调整的企业价值评估异常溢价率的回归系数分别为0.151、1.147 和0.062，均在1%的统计性水平上呈现出显著正相关关系，这说明被并购企业财务报表内列报的公允价值计量信息水平与专业评估机构的企业价值评估溢价率之间显著正相关。总体而言，变更企业价值评估溢价率重新进行检验后，回归结果与前文基本一致。

表5-5　　稳健性检验（一）：变更企业价值评估溢价率的度量方式

被解释变量	Panel A：Valuation_add2			Panel B：Valuation_add3		
	(1) FV = FV_type	(2) FV = FV_ratio	(3) FV = FV_items	(4) FV = FV_type	(5) FV = FV_ratio	(6) FV = FV_items
FV	0.929 *** (16.753)	7.348 *** (16.993)	0.388 *** (13.300)	0.151 *** (8.685)	1.147 *** (8.750)	0.062 *** (6.952)

续表

被解释变量	Panel A：Valuation_add2			Panel B：Valuation_add3		
	（1） FV = FV_type	（2） FV = FV_ratio	（3） FV = FV_items	（4） FV = FV_type	（5） FV = FV_ratio	（6） FV = FV_items
Size	− 0. 154 *** （ − 5. 823 ）	− 0. 066 ** （ − 2. 566 ）	− 0. 156 *** （ − 5. 702 ）	0. 055 *** （6. 639 ）	0. 067 *** （8. 370 ）	0. 054 *** （6. 379 ）
Lev	− 0. 612 *** （ − 6. 882 ）	− 0. 424 *** （ − 4. 728 ）	− 0. 719 *** （ − 7. 941 ）	− 0. 201 *** （ − 7. 258 ）	− 0. 174 *** （ − 6. 192 ）	− 0. 221 *** （ − 7. 946 ）
Roa	− 0. 928 *** （ − 3. 658 ）	− 1. 161 *** （ − 4. 600 ）	− 1. 428 *** （ − 5. 560 ）	− 0. 213 *** （ − 2. 676 ）	− 0. 232 *** （ − 2. 922 ）	− 0. 288 *** （ − 3. 626 ）
Growth	0. 063 *** （5. 627 ）	0. 076 *** （6. 849 ）	0. 011 *** （8. 650 ）	− 0. 017 *** （ − 4. 835 ）	− 0. 015 *** （ − 4. 291 ）	− 0. 011 *** （ − 3. 067 ）
Indratio	1. 958 *** （3. 724 ）	1. 782 *** （3. 395 ）	1. 672 *** （3. 126 ）	− 0. 210 （ − 1. 274 ）	− 0. 254 （ − 1. 540 ）	− 0. 255 （ − 1. 536 ）
Dual	− 0. 354 *** （ − 6. 964 ）	− 0. 306 *** （ − 6. 037 ）	− 0. 302 *** （ − 5. 839 ）	− 0. 063 *** （ − 3. 932 ）	− 0. 059 *** （ − 3. 686 ）	− 0. 055 *** （ − 3. 450 ）
Zindex	0. 003 （1. 424 ）	0. 006 *** （3. 302 ）	0. 003 * （1. 879 ）	− 0. 004 *** （ − 6. 252 ）	− 0. 003 *** （ − 5. 313 ）	− 0. 003 *** （ − 5. 985 ）
Board	0. 589 *** （4. 718 ）	0. 732 *** （5. 898 ）	0. 548 *** （4. 280 ）	− 0. 263 *** （ − 6. 699 ）	− 0. 231 *** （ − 5. 928 ）	− 0. 266 *** （ − 6. 712 ）
Mshare	− 0. 491 *** （ − 3. 188 ）	0. 016 （0. 104 ）	0. 025 （0. 159 ）	0. 054 （1. 121 ）	0. 132 *** （2. 703 ）	0. 135 *** （2. 737 ）
First	− 0. 009 *** （ − 4. 340 ）	− 0. 011 *** （ − 5. 247 ）	− 0. 010 *** （ − 4. 517 ）	− 0. 001 （ − 1. 555 ）	− 0. 001 * （ − 1. 856 ）	− 0. 001 * （ − 1. 659 ）
Constant	− 0. 156 （ − 1. 304 ）	0. 360 *** （3. 309 ）	− 0. 062 （ − 0. 493 ）	0. 059 （1. 595 ）	0. 139 *** （4. 090 ）	0. 071 * （1. 851 ）
Year	Yes	Yes	Yes	Yes	Yes	Yes
Industry	Yes	Yes	Yes	Yes	Yes	Yes
N	263	263	263	263	263	263
Adjust_R^2	0. 417	0. 418	0. 396	0. 323	0. 323	0. 317

注：*** 、** 、* 分别表示在1% 、5% 和10% 水平上显著。

5.5.2　变更公允价值计量的度量方式

　　为了验证结论的稳定性，本书尝试变更公允价值计量的度量方式进行稳健性检验，本书参考张丽霞和张继勋（2013）的研究，以企业的公

第5章　公允价值计量与企业价值评估溢价

允价值变动损益占总资产的比例来度量被并购企业公允价值计量模式的运用水平。回归结果如表 5-6 所示，被并购企业财务报表内列报的公允价值计量信息水平与企业价值评估溢价率之间的回归系数为 2.550，在 1% 的统计性水平上显著为正，这说明被并购企业财务报表内运用公允价值计量模式的水平越高，价值评估机构对企业价值的评估值的溢价率越高，回归结果与前文结果保持一致。

表 5-6 稳健性检验（二）：变更公允价值计量的度量方式

被解释变量	Valuation_add
FV_change	2.550 *** （4.272）
Size	1.263 （0.736）
Lev	0.511 （0.114）
Roa	-1.574 （-0.153）
Growth	-1.730 *** （-4.195）
Indratio	-66.287 ** （-2.427）
Dual	14.916 *** （3.497）
Zindex	-0.110 ** （-2.212）
Board	-23.286 *** （-3.547）
Mshare	-23.928 *** （-2.802）
First	-0.057 （-0.849）
Promise	-4.643 （-1.309）
Constant	38.650 （1.286）
Year	Yes

续表

被解释变量	Valuation_add
Industry	Yes
N	242
Adjust_R^2	0.794

注：***、**分别表示在1%、5%水平上显著。

5.5.3 固定效应模型

为了降低公司个体层面因素对于本书研究结论的影响，本书采用公司固定效应模型进行回归，结果如表5-7所示。列（1）~列（3）中被并购企业采用公允价值计量模式（FV_type）、公允价值计量模式的运用程度（FV_ratio）及公允价值计量模式的运用范围（FV_items）与企业价值评估溢价率之间的回归系数分别为0.558、1.614和0.379，分别在10%、1%和5%的统计性水平上显著为正，这说明被并购企业财务报表内运用公允价值计量模式的水平越高，价值评估机构对企业价值的评估值的溢价率越高，回归结果与前文结果保持一致。

表5-7　　　　　稳健性检验（三）：固定效应模型

被解释变量	Valuation_add		
	（1）FV = FV_type	（2）FV = FV_ratio	（3）FV = FV_items
FV	0.558 * (1.757)	1.614 *** (2.707)	0.379 ** (2.079)
Size	0.152 * (1.954)	0.198 ** (2.248)	0.125 * (1.780)
Lev	－0.469 * （－1.825）	－0.472 * （－1.822）	－0.517 * （－1.914）
Roa	0.372 ** (2.224)	0.369 ** (2.220)	－0.024 *** （－3.014）
Growth	－0.022 ** （－2.340）	－0.028 *** （－3.434）	－0.010 ** （－2.157）
Indratio	1.142 *** (4.332)	1.221 *** (3.352)	0.992 *** (3.290)

被解释变量	Valuation_add		
	(1) FV = FV_type	(2) FV = FV_ratio	(3) FV = FV_items
Dual	0.342 *** (4.005)	0.357 *** (4.040)	0.310 *** (2.913)
Zindex	−0.010 *** (−2.958)	−0.007 *** (−2.645)	−0.010 ** (−1.992)
Board	0.340 (0.363)	0.536 (0.572)	0.194 (0.207)
Mshare	0.471 *** (4.415)	0.724 *** (5.633)	0.889 *** (4.785)
First	−0.009 (−0.723)	−0.013 (−1.011)	−0.010 (−0.795)
Promise	1.621 *** (3.564)	1.994 *** (2.955)	1.495 ** (2.442)
Constant	−7.074 (−1.601)	−7.837 * (−1.767)	−5.700 (−1.267)
Year	Yes	Yes	Yes
Industry	Yes	Yes	Yes
Firm	Yes	Yes	Yes
N	215	215	215
Adjust_R^2	0.335	0.326	0.347

注：*** 、** 、* 分别表示在1%、5%和10%水平上显著。

5.5.4　工具变量法

为了缓解内生性问题，本书采用工具变量法对本章假设 H5 − 1 进行稳健性检验，已有研究表明企业间会计信息披露具有"同伴效应"，多采用同行业会计信息均值为工具变量（李青原和王露萌，2019；王帆等，2020），"同年度同行业内企业公允价值计量的运用程度平均值（Peer_fv）"作为回归结果如表 5 − 8 所示。在表 5 − 8 的列（1）、列（3）和列（5）中，工具变量（Peer_fv）与企业公允价值计量的使用程度（FV）显著正相关，系数分别为 0.969、0.969 和 0.915，t 值分别为 64.647、76.895 和 53.579。根据弱工具变量的检验结果，各工具变量的 F 值均大于10，拒绝原假设，意味着在统计上，此次研究中该工具变量的选择具有合理性。列（2）、列（4）和列（6）中被并购企业采用公允价值计量模式（FV_type）、公允价值计量模式的运用程度（FV_ratio）及公允价值计量模式的运用范围（FV_items）与价值评估机构对企业价值估计结果之间的回归系数分别为0.688、0.821和0.065，分别在1%、1%和5%的统计性水平上显著为正，这说明被并购企业财务报表内运用公允价值计量模式的水平越高，价值评估机构对企业价值的评估值的溢价率越高，回归结果与主回归模型的结果基本一致。

表5-8　　　　　　　　　　稳健性检验（四）：工具变量法

被解释变量	Valuation_add					
	Peer_fv = Peer_fvtype FV = FV_type		Peer_fv = Peer_fvratio FV = FV_ratio		Peer_fv = Peer_fvitems FV = FV_items	
	（1）一阶段	（2）二阶段	（3）一阶段	（4）二阶段	（5）一阶段	（6）二阶段
Peer_fv	0.969 *** (64.647)	—	0.969 *** (76.895)	—	0.915 *** (53.579)	—
FV	—	0.688 *** (2.609)	—	0.821 *** (3.362)	—	0.065 ** (2.031)
Size	0.032 *** (5.587)	-0.174 *** (-4.087)	0.001 ** (2.059)	-0.173 *** (-4.235)	0.099 *** (7.987)	-0.201 *** (-4.547)
Lev	0.146 *** (7.520)	-0.535 *** (-3.807)	-0.004 (-1.644)	-0.621 *** (-4.295)	0.336 *** (8.104)	-0.542 *** (-3.866)
Roa	0.183 *** (3.301)	3.291 *** (8.178)	0.031 *** (4.843)	3.251 *** (8.042)	0.234 ** (1.991)	3.306 *** (8.307)
Growth	0.024 *** (9.767)	-0.140 *** (-7.951)	0.001 ** (2.128)	-0.143 *** (-8.014)	0.013 ** (2.444)	-0.136 *** (-7.491)
Indratio	-0.351 *** (-3.089)	2.172 *** (2.613)	-0.111 *** (-8.439)	2.202 *** (2.619)	0.245 (1.001)	2.153 *** (2.599)
Dual	-0.047 *** (-4.259)	-0.767 *** (-9.518)	-0.007 *** (-5.276)	-0.768 *** (-9.458)	-0.049 ** (-2.093)	-0.772 *** (-9.646)
Zindex	-0.001 *** (-3.606)	-0.007 ** (-2.499)	-0.001 *** (-8.310)	-0.008 *** (-2.849)	-0.006 *** (-6.989)	-0.007 ** (-2.502)
Board	0.150 *** (5.584)	1.501 *** (7.567)	-0.008 *** (-2.713)	1.521 *** (7.650)	0.256 *** (4.386)	1.436 *** (7.152)

公允价值信息的估值有用性——基于企业价值评估视角的研究

续表

被解释变量	Valuation_add					
	Peer_fv = Peer_fvtype FV = FV_type		Peer_fv = Peer_fvratio FV = FV_ratio		Peer_fv = Peer_fvitems FV = FV_items	
	(1) 一阶段	(2) 二阶段	(3) 一阶段	(4) 二阶段	(5) 一阶段	(6) 二阶段
Mshare	0.241 *** (7.253)	1.371 *** (5.614)	−0.011 *** (−2.900)	1.236 *** (4.972)	−0.682 *** (−9.544)	1.411 *** (5.694)
First	0.001 ** (2.143)	−0.010 *** (−2.899)	−0.000 *** (−5.736)	−0.011 *** (−3.221)	−0.005 *** (−5.642)	−0.008 ** (−2.501)
Promise	0.252 *** (9.821)	3.241 *** (16.022)	0.017 *** (6.221)	3.330 *** (18.906)	0.433 *** (7.357)	3.032 *** (14.070)
Constant	−0.999 *** (−6.571)	1.185 (1.050)	0.122 *** (6.912)	1.052 (0.937)	−2.560 *** (−7.764)	1.676 (1.451)
Year	Yes	Yes	Yes	Yes	Yes	Yes
Industry	Yes	Yes	Yes	Yes	Yes	Yes
N	215	215	215	215	215	215
Adjust_R^2	0.872	0.541	0.894	0.530	0.854	0.544
F 值	98.93	—	131.36	—	105.62	—

注： *** 、** 分别表示在1%、5%水平上显著。

5.6 进一步研究

5.6.1 环境不确定性的调节作用

企业的日常运营离不开市场环境，外部环境的变动对于企业的影响不可小视，企业面临的外部环境冲击即为环境不确定性。一方面，由于公允价值计量遵循盯市价格（或盯模价格），面临较高的环境不确定性，标的资产中采用公允价值计量的资产（或负债）项目的价值变化频繁，在跟踪市场价格（或确定估值系数）的过程中不可预测的因素增多，可能会为被并购方虚高标的资产价值提供机会，导致价值评估机构在企业价值判断过程中可能会高估被并购企业的企业价值。另一方面，不确定性较高的外部环境，加大了价值评估机构工作人员识别标的资产真实价值的难度。具体而言，不确定性较高的市场环境对价值评估人员发挥专业特长的限制主要体现为，不稳定的外部环境加大了价值评估难度，难以准确识别被并购企业资产的真实价值。综上所述，本书认为，高不确定性的外部环境会加剧以公允价值计量模式计价的被并购企业资产价值的不确定性和复杂性，从而提高被并购企业价值的评估溢价率。

为了检验上述猜想，检验环境不确定性（EU）对于被并购企业财务报表内公允价值计量模式运用程度与企业价值评估溢价率两者之间关系的调节作用。借鉴戈什和奥尔森（Ghosh & Olsen，2009）、申慧慧（2010）和陈峻等（2015）学者的研究方法，我们采用企业过去5年剔除正常增长部分并经行业调整之后销售收入的标准差来表示企业面临的环境不确定性。在上述模型（5-1）中加入公允价值计量 $FV_{i,t}$ 与环境不确定性（EU）的交乘项，构建以下模型（5-2）：

$$Valuation\_add_{i,t} = \lambda_0 + \lambda_1 FV_{i,t} + \lambda_2 EU_{i,t} + \lambda_3 EU \times FV_{i,t} + \lambda_4 Size_{i,t} + \lambda_5 Lev_{i,t}$$
$$+ \lambda_6 Roa_{i,t} + \lambda_7 Growth_{i,t} + \lambda_8 Indratio_{i,t} + \lambda_9 Dual_{i,t}$$
$$+ \lambda_{10} Zindex_{i,t} + \lambda_{11} Board_{i,t} + \lambda_{12} Mshare_{i,t}$$
$$+ \lambda_{13} First_{i,t} + \lambda_{14} Promise_{i,t} + Year + Industry + \varepsilon_2 \quad (5-2)$$

表5-9中列示了企业环境不确定程度对于被并购企业采用公允价值计量水平与其企业价值评估溢价率两者关系的调节作用的回归结果。结果表明，列（1）~列（3）中环境不确定性（EU）与公允价值运用程度的交乘项 EU×FV_type、EU×FV_ratio 和 EU×FV_items 的系数分别为0.392、9.528和0.048，分别在1%、1%和10%的统计性水平上显著为正，这说明企业面临的环境不确定性水平对于企业采用公允价值计量水平与其企业价值评估溢价率之间的关系具有调节作用，即企业面临的环境不确定性越高，被并购企业财务报表中使用公允价值计量的水平越高，价值评估机构对于被并购企业的价值估计更容易出现高估。

公允价值信息的估值有用性——基于企业价值评估视角的研究

表5-9　　　　　　　进一步研究：环境不确定性的调节作用

被解释变量	Valuation_add		
	（1）FV = FV_type	（2）FV = FV_ratio	（3）FV = FV_items
FV	1.342 *** （10.361）	0.855 （1.044）	0.568 *** （11.965）
EU	−0.280 ** （−2.201）	−0.826 *** （−11.468）	−0.408 *** （−3.954）
EU × FV	0.392 *** （2.724）	9.528 *** （9.157）	0.048 * （1.824）
Size	−0.130 *** （−3.509）	−0.048 （−1.346）	−0.133 *** （−3.527）
Lev	−0.596 *** （−5.233）	−0.459 *** （−4.041）	−0.726 *** （−6.360）
Roa	−0.310 （−0.903）	−0.449 （−1.316）	−0.706 ** （−2.062）
Growth	0.000 （0.022）	0.012 （0.835）	0.048 *** （3.246）
Indratio	−1.131 * （−1.683）	−1.380 ** （−2.060）	−1.599 ** （−2.376）
Dual	−0.209 *** （−3.162）	−0.262 *** （−3.972）	−0.168 ** （−2.531）
Zindex	−0.009 *** （−4.197）	−0.005 ** （−2.208）	−0.008 *** （−3.640）
Board	0.186 （1.157）	0.517 *** （3.228）	0.900 （0.555）
Mshare	0.011 （0.051）	0.607 *** （2.939）	0.693 *** （3.331）
First	−0.016 *** （−6.070）	−0.021 *** （−7.822）	−0.016 *** （−5.939）
Promise	2.072 *** （13.130）	2.606 *** （18.387）	1.876 *** （11.228）
Constant	2.900 *** （2.987）	2.249 ** （2.363）	3.408 *** （3.451）
Year	Yes	Yes	Yes
Industry	Yes	Yes	Yes
N	246	246	246
Adjust_R^2	0.586	0.587	0.586

注：*** 、** 、* 分别表示在1%、5%和10%水平上显著。

5.6.2 价值评估机构行业排名的调节作用

价值评估机构作为企业价值评估过程中重要的中介机构，在评估过程中发挥着重要作用。企业价值评估活动对于价值评估机构的专业要求较高，需要评估人员根据事先制定的评估计划、程序和标准来开展，评估质量依赖于评估人员的专业知识、经验和职业判断。首先，德安吉洛（Deangelo，1981）研究发现，相较于行业排名靠后的会计师事务所而言，行业排名靠前的会计师事务所从业人员职业能力更强，事务所积累的声誉资本也更高。同理，同为中介机构，相较于行业排名靠后的估值机构而言，行业排名靠前的估值机构由于历史的评估业绩得到业界的认可，传递出高品质的信号，在组织资本、人力资本和继续教育等方面具有明显优势（马海涛等，2017），能够有效降低被并购企业由于采用公允价值计量模式存在的不确定性和复杂性产生评估难度，更能辨别和判断被并购企业的真实价值，避免评估价值虚高。其次，行业排名靠前的价值评估机构的评估人员，在进行企业价值评估时信息来源更广泛（Kelly & Ljungqvist，2012）、选择的理论参考依据更充分、评估参考系数更稳健，能够在更高水平上消解公允价值计量带来的不确定性风险，稳健反映被并购企业真实价值。最后，行业排名靠前的企业价值评估机构具有较高的行业地位，其机构声誉水平相对较高，违规执业的沉没成本更高、动机较小（Leftwich，1983；叶陈刚等，2018；关静怡和刘娥平，2020），与并购一方合谋主观提高标的资产价值的可能性更小。综上所述，本书认为，行业排名靠前的价值评估机构能够有效排除被并购企业财务报表内公允价值计量信息产生的干扰，抑制被并购企业评估值的增高。

为了检验上述猜想，检验价值评估机构行业排名（Top5）对于公允价值计量与企业价值评估溢价率关系的调节作用，本书借鉴宋顺林和翟进步（2014）与马海涛等（2017）学者有关企业价值评估机构行业排名的研究，以中评协提供的排名顺序作为价值评估机构行业排名的衡量指标。具体而言，本书将该指标设定成虚拟变量，对位列《综合评价前百家名单》中排名前5位的资产评估机构取1，反之取0。在上述模型

（5－1）中加入公允价值计量（$FV_{i,t}$）与企业价值评估机构行业排名（Top5）的交乘项，构建模型（5－3）：

$$Valuation\_add_{i,t} = \beta_0 + \beta_1 FV_{i,t} + \beta_2 Top5_{i,t} + \beta_3 Top5 \times FV_{i,t} + \beta_4 Size_{i,t}$$
$$+ \beta_5 Lev_{i,t} + \beta_6 Roa_{i,t} + \beta_7 Growth_{i,t} + \beta_8 Indratio_{i,t}$$
$$+ \beta_9 Dual_{i,t} + \beta_{10} Zindex_{i,t} + \beta_{11} Board_{i,t} + \beta_{12} Mshare_{i,t}$$
$$+ \beta_{13} First_{i,t} + \beta_{14} Promise_{i,t} + Year + Industry + \varepsilon_3$$
$$(5-3)$$

表5－10中列示了价值评估机构行业排名对公允价值计量与企业价值评估溢价率之间的调节作用进行检验的回归结果。结果表明，列（1）~列（3）中企业价值评估机构行业排名Top5与公允价值运用程度FV的交乘项Top5 × FV_type、Top5 × FV_ratio和Top5 × FV_items的系数分别为－1.242、－7.360和－0.327，均在1%的统计性水平上显著为负，说明专业价值评估机构的规模有效缓解了被并购企业财务报表内公允价值计量信息对企业价值评估溢价率的影响，即价值评估机构行业排名的提高，能够有效降低被并购方财务报表内公允价值计量信息对其企业的价值评估溢价率的影响。

表5－10　　进一步研究：价值评估机构行业排名的调节作用

被解释变量	Valuation_add		
	（1）FV = FV_type	（2）FV = FV_ratio	（3）FV = FV_items
FV	0.088 (0.910)	5.606 *** (7.690)	0.171 *** (3.528)
Top5	－1.243 *** （－9.303）	－0.156 * （－1.893）	－0.677 *** （－6.015）
Top5 × FV	－1.242 *** （－7.894）	－7.360 *** （－3.869）	－0.327 *** （－4.357）
Size	－0.261 *** （－6.269）	－0.202 *** （－4.989）	－0.282 *** （－6.590）
Lev	－0.493 *** （－3.518）	－0.266 * （－1.852）	－0.587 *** （－4.146）
Roa	2.575 *** (6.267)	3.565 *** (8.619)	2.773 *** (6.797)

被解释变量	Valuation_add		
	（1） FV = FV_type	（2） FV = FV_ratio	（3） FV = FV_items
Growth	−0.142 *** （−8.064）	−0.144 *** （−8.196）	−0.122 *** （−6.755）
Indratio	2.321 *** （2.762）	1.244 （1.472）	1.779 ** （2.111）
Dual	−0.654 *** （−7.939）	−0.801 *** （−9.971）	−0.746 *** （−9.233）
Zindex	−0.007 *** （−2.579）	−0.006 ** （−2.227）	−0.006 ** （−2.215）
Board	1.401 *** （6.833）	1.233 *** （6.114）	1.277 *** （6.149）
Mshare	1.074 *** （4.327）	1.850 *** （7.400）	1.592 *** （6.390）
First	−0.006 * （−1.808）	−0.003 （−1.034）	−0.007 ** （−1.995）
Promise	2.456 *** （12.799）	2.986 *** （17.202）	2.483 *** （12.587）
Constant	2.955 *** （2.613）	2.335 ** （2.082）	3.645 *** （3.173）
Year	Yes	Yes	Yes
Industry	Yes	Yes	Yes
N	263	263	263
Adjust_R^2	0.546	0.542	0.540

注： *** 、 ** 、 * 分别表示在1% 、5% 和10% 水平上显著。

5.6.3 双重差分检验

根据前文的推论和实证结果，采用公允价值计量模式确定企业相关资产（或负债）项目的价值具有较高的主观性和复杂性，其对企业价值的评估具有局限性。但考虑到我国2014 年7 月1 日开始实施《企业会计准则39 号——公允价值计量》，CAS 39 首次将公允价值计量的三个层次以会计准则的形式予以规定，进一步强调了对上市公司使用公允价值的计量模式及披露相关信息的要求（郭飞等，2017）。在理论上，CAS 39

的实施，有利于细化不同层次下公允价值计量模式所使用的估值技术、输入值等信息的披露要求，可能会降低公允价值计量估计的主观性，提高公允价值计量的可靠性，降低价值评估人员对企业价值估计的难度，缩小企业价值评估值与其账面价值之间的偏离水平。即理论上 CAS 39 的实施能够降低被并购企业公允价值计量模式运用程度对被并购企业价值评估溢价率的影响。因此，本章节借助实施 CAS 39 政策的契机，研究 CAS 39 的实施是否能够提高被并购方公允价值计量模式的运用程度对被并购企业价值评估结果的估值作用。

本书以 CAS 39 的实施为外生事件，使用双重差分法（DID）对公允价值计量的估值有用性进行进一步验证。本书将 Post 作为 CAS 39 实施的哑变量，2014 年及以前年份的样本，Post 的取值为 0；2015 年及以后年份的样本，Post 的取值为 1。同时，将样本按照是否采用公允价值计量分为控制组和实验组，当上市公司采用公允价值计量时，Treat 取 1，否则为 0。由此得到的 Treat × Post 的系数即为双重差分估计量。

为检验以上问题，我们构建如下模型（5 - 4）进行双重差分检验，探讨 CAS 39 对公允价值计量与评估机构进行企业价值评估产生的影响：

$$
\begin{aligned}
\text{Valuation\_add}_{i,t} = {} & \theta_0 + \theta_1 \text{Treat}_{i,t} + \theta_2 \text{Treat} \times \text{Post}_{i,t} + \theta_3 \text{Size}_{i,t} + \theta_4 \text{Lev}_{i,t} + \theta_5 \text{Roa}_{i,t} \\
& + \theta_6 \text{Growth}_{i,t} + \theta_7 \text{Indratio}_{i,t} + \theta_8 \text{Dual}_{i,t} + \theta_9 \text{Zindex}_{i,t} \\
& + \theta_{10} \text{Board}_{i,t} + \theta_{11} \text{Mshare}_{i,t} + \theta_{12} \text{First}_{i,t} + \theta_{13} \text{Promise}_{i,t} \\
& + \text{Year} + \text{Industry} + \varepsilon_4
\end{aligned} \tag{5-4}
$$

表 5 - 11 中列示的是双重差分检验的回归结果。实证结果表明，表 5 - 11 中公允价值计量（Treat）与实施 CAS 39（Post）的交乘项 Treat × Post 的系数为 0.190，不具有统计显著性。该结果表明，虽然 CAS 39 的颁布提高了公允价值计量模式在实务操作中的计量要求和信息披露要求，但 CAS 39 的实施并未明显提高公允价值计量模式对于企业价值评估的估计与判断。表 5 - 11 的结果再次印证了公允价值计量模式在企业价值评估领域可能存在局限性。

表 5 – 11　　　　　　　　　进一步研究：双重差分检验

被解释变量	Valuation_add
Treat	0. 304 ***
	(2. 821)
Treat × Post	0. 190
	(1. 171)
Size	− 0. 233 ***
	(− 5. 500)
Lev	− 0. 523 ***
	(− 3. 683)
Roa	3. 443 ***
	(8. 465)
Growth	− 0. 142 ***
	(− 7. 941)
Indratio	2. 163 **
	(2. 571)
Dual	− 0. 797 ***
	(− 9. 802)
Zindex	− 0. 007 **
	(− 2. 551)
Board	1. 375 ***
	(6. 885)
Mshare	1. 286 ***
	(5. 225)
First	− 0. 007 **
	(− 2. 124)
Promise	2. 855 ***
	(14. 445)
Constant	2. 289 **
	(1. 994)
Year	Yes
Industry	Yes
N	263
Adjust_R^2	0. 532

注： *** 、 ** 、 * 分别表示在 1% 、 5% 和 10% 水平上显著。

第 5 章　公允价值计量与企业价值评估溢价

5.7 本章小结

本章首次从并购交易业务中，价值评估机构对于被并购企业价值估计溢价的视角研究公允价值计量模式的估值有用性，并研究了环境不确定程度和价值评估机构行业排名对于探讨被并购企业表内公允价值计量信息水平对专业评估机构评估被并购企业价值产生的影响。进一步地，为了深入讨论公允价值计量模式对于专业评估机构评估企业价值的影响，本章以 CAS 39 的颁布实施为外生事件，对两者之间的关系进行双重差分检验。依据 FASB 和 IASB 倡导的公允价值计量模式的估值有用性，被并购方财务报表中运用公允价值计量模式的水平越高，应当越能够准确反映其企业价值，专业价值评估机构对被并购企业价值的评估值应当越接近其账面价值，即价值评估机构对企业价值的评估溢价水平越低。

本章的实证结果表明，在并购交易事件中，被并购企业采用公允价值计量的水平越高，专业估值机构评估企业价值的溢价率越高。这说明被并购企业财务报表中公允价值计量模式的使用无益于提高专业评估机构对企业价值的评估。同时还发现，大规模的评估机构能够缓解公允价值计量模式运用水平对企业价值评估溢价率的影响，而环境不确定性则加剧了公允价值计量模式运用水平对企业价值评估溢价率的影响。

与此同时，本书进一步以 CAS 39 为外生事件对公允价值计量运用水平运用与专业估值机构评估企业价值溢价率之间的关系进行双重差分检验。实证结果显示，CAS 39 关于公允价值计量模式的进一步规范，并不能够明显提高公允价值计量模式的运用对专业价值评估机构对企业价值的评估。

首先，本章的研究说明公允价值计量模式在提高企业价值评估方面可能存在局限性，准则制定机构应慎重、合理地看待公允价值计量的估值有用性，避免放大和高估公允价值计量的估值有用性，应认识到单项资产（或负债）项目的公允价值计量对于企业整体价值估计的局限性。其次，作为并购交易业务过程中一个重要的估值中介机构，企业价值评估机构的专业素质有待提高。价值评估机构的行业排名对于公允价值计量与企业价值评估溢价率两者之间关系的影响，说明价值评估机构应注重提高执业人员的专业能力，准确反映和评估被并购企业的真实价值。最后，并购方应注重对被并购企业真实价值的识别，避免因公允价值计量属性的理论预期而对被并购企业价值产生乐观判断。虽然公允价值理念试图公允反映资产的真实价值，但在公允价值计量模式的实施过程中存在诸多限制，公允价值理念理论预期的可实现性仍然不高。

第6章　公允价值计量与企业并购溢价

6.1　引言

本章继续探讨财务报表内采用公允价值计量模式在企业价值评估方面的作用，具体研究被并购企业中公允价值计量模式的运用水平对于企业并购溢价率的影响。需要说明的是，前述第 5 章和本章研究内容虽然都是对被并购企业价值的评估，但是两章研究的视角有所不同，分别是从专业价值评估机构视角和并购方视角进行观察，两者的侧重点有所区别。具体到并购交易过程而言，评估机构虽然是专业的价值评估机构，但是其作为第三方中介机构，提供的被并购方企业价值评估结果，只能为并购方提供参考，并不具有决定权。而作为并购决策的最终决定者，并购方对于被并购企业价值拥有基本的判断，需要根据该价值判断做出是否及如何对该被并购企业进行并购的决策，并且在并购决策过程中，具有与被并购企业进行谈判的权利。

并购交易是企业进行资源整合的重要途径之一，在并购交易中，并购溢价现象普遍存在（潘爱玲等，2021）。已有研究基于企业并购溢价的生成过程分析，发现影响企业并购溢价的因素主要有两个：其一是并购方对被并购企业价值的高估，其二是补偿被并购企业丧失的控制权价值（李彬，2015）。因此，我们尝试在本章中探讨公允价值计量模式在被并购企业财务报表内的运用是否及如何影响并购方对被并购企业价值的评估与判断。

并购交易的定价是影响并购决策活动的关键因素之一，对于并购双方的利益都至关重要。影响并购方对被并购企业价值估计的研究非常丰富，如被并购企业特征、同行效应、支付方式、大股东持股水平、管理层过度自信和管理层薪酬等。具体到被并购企业特征领域，拉曼等（Raman et al.，2013）对被评估企业的会计盈余信息的质量与并购溢价两者之间的关系进行研究，结果表明相对于盈余质量较差的被评估企业而言，并购方更倾向于与其进行谈判，并降低并购定价以规避风险；麦克尼科尔和施图本（McNichols & Stubben，2015）关于企业会计信息质量与并购溢价两者之间的关系进行研究，其数据结果表明两者之间呈现显著负相关关系；刘娥平和关静怡（2019）以中国A股上市公司定增并购事件为研究样本，发现目标公司在并购前进行盈余管理水平越高，越容易误导收购方给予高溢价；王天童和孙烨（2020）研究发现，低信息透明度目标公司向外传递的信息越少，交易者投标出价准确度越低，溢价水平越高。而公允价值计量模式的使用对于企业会计盈余质量影响的研究已不胜枚举，其对于企业信息透明度的影响也已得到学术界的广泛研究。因此，本章有理由认为，被并购企业对于公允价值计量模式的运用水平会通过影响其盈余质量，从而对并购方的并购溢价产生影响。

本章采用沪深两市2007～2019年上市公司并购交易数据，选取企业并购溢价率作为因变量，探讨被并购企业运用公允价值计量水平对其并购溢价率的影响。在此基础上，本章再次深入考察了环境不确定性对其中可能产生的作用。实证结果表明，被并购企业采用公允价值计量模式的水平越高，被并购企业的并购溢价率越高。同时，环境不确定性对公允价值计量模式运用水平与并购溢价两者之间的关系具有调节作用。

与前人研究相比，本章的贡献主要体现在以下三个方面：第一，本章从并购溢价视角关注财务报表中公允价值计量模式发挥估值作用的情况。现有文献关于公允价值计量模式估值有用性的研究多集中于财务报表内采用公允价值计量的价值相关性（Song et al.，2010；刘永泽和孙嵩，2011；张先治和季侃，2012；曲晓辉和黄霖华，2013；Goh et al.，2015；雷宇，2016）或影响分析师盈利预测等（曲晓辉和毕超，2016；毛志宏和徐畅，2017；李端生等，2017），鲜有文献从并购方对被并购企业价值评估及并购溢价视角观察公允价值计量信息的估值作用。第二，本书丰富了现有文献对于企业并购溢价影响因素领域的研究。国内外文献中有关企业并购溢价的研究多是从同行效应（傅超等，2015）、管理层过度自信（潘爱玲等，2018）、支付方式（Bruslerie，2013；Vladimirov，2015）、媒体关注度（陈泽艺和李常青，2020）、大股东持股水平（蒋薇，2020）、管理层薪酬（白智奇等，2021；潘爱玲等，2021）等维度探究企业并购溢价的影响因素。本书关注了企业财务报表内公允价值计量模式的运用程度对企业并购溢价产生的影响，拓展了企业并购溢价的研究内容。第三，本书在研究被并购企业公允价值计量运用水平与并购方并购溢价率之间关系的基础上，进一步考察了上市公司环境不确定性对两者之间关系的调节作用，探究了两者之间的作用机理，丰富并深化了公允价值计量与企业并购溢价关系的研究。

6.2　理论推导与研究假设

根据前景理论，在不确定性条件下，个体的行为决策会存在一定程度上的非理性偏差。在并购交易中，交易定价的确定需要并购双方进行多次谈判。在并购双方不断博弈的过程中，要求并购方及时、准确地获取被并购企业各项财务信息和内部治理信息，尽量减少不确定性，缓解自身与被并购企业之间的信息劣势。基于前述 FASB 和 IASB 倡导在财务报表内采用公允价值计量模式的推演逻辑，在财务报表中采用公允价值计量属性对企业单项资产（或负债）项目进行计价，能够提供企业估值信息，进而有助于财务报告的主要使用者进行买卖权益工具、债务工具的决策。

延续 FASB 和 IASB 所倡导的观点，即财务报表内列报的公允价值计量信息比历史成本计量信息具有更高的相关性，能够为财务报告使用者提供与企业价值评估更相关的估值信息。并购交易过程极其复杂，并购团队不仅需要获取大量与被并购企业相关的各方面信息，还要对相关信息进行核实，加强对被并购企业价值的深入了解，从而降低并购溢价

（王爱群等，2020）。相较于历史成本计量模式，采用公允价值计量模式对资产（或负债）项目进行计价时，公允价值计量模式的计价机制（包括盯市计价和盯模计价），能够及时反映被并购企业各单项资产（或负债）项目的市场价值，明显降低了并购团队的工作压力，提高了并购方的工作效率。那么，在企业并购活动中，并购方在了解和评估被并购企业的企业价值时，对于被并购企业财务报表内列报的被并购企业单项资产（或负债）项目的公允价值计量信息应具有较高的认可度，更可能在其价值评估过程中参考和采纳被并购企业财务报表内列报的企业单项资产（或负债）项目的公允价值计量信息。被并购方企业价值判断难度的降低，有益于并购方在谈判过程中占据竞争优势，使被并购方无法抬高交易价格、出现高溢价并购。因此，可以预期，延续公允价值计量信息具有估值优势的这一假设，被并购企业财务报表内的公允价值计量运用程度越高，财务报表内的资产（或负债）项目的公允价值计量信息越接近市场价值，并购方在其价值评估过程中越可能参考被并购企业的财务报表信息，企业并购溢价率应该更低。由此，提出本书的假设：

H6-1：在其他条件相同的情况下，被并购企业财务报表内采用公允价值计量的程度越高，其并购溢价率越低。

6.3 研究设计

6.3.1 变量定义

1. 公允价值计量（FV）

（1）是否采用公允价值计量模式（FV_type）：若被并购企业当年采用公允价值计量模式，取值为1，反之取0；（2）公允价值计量程度（FV_ratio）：参考布拉滕等（Bratten et al.，2016）及蔡利等（2018）学者的研究，以被并购企业采用公允价值计量的资产项目和负债项目的价值之和除以总资产的绝对值来进行度量。其数值越大，说明被并购企业运用公允价值计量模式的程度越高；（3）公允价值计量范围（FV_items）：以被并购企业使用公允价值计量的会计科目数量总和来度量。其数值越大，说明被并购企业中公允价值计量模式的运用范围越大。

2. 并购溢价率（Premium）

已有研究中关于并购溢价率的定义，国外学者通常用被并购企业的市场价值进行度量（Hayward & Hambrick，1997）。而考虑到我国资本市场的发展水平有限，国内学者的做法通常以净资产账面价值为基准（唐宗明和蒋位，2002）。因此，根据现有文献（葛伟杰等，2014；潘爱玲等，2021；刘建勇和周晓晓，2021），本章采用被并购企业的交易价格相较于其账面净资产价值的溢价程度来衡量被并购企业的溢价率，具体的计算过程如式（6-1）所示。该指标越大，说明并购交易中被并购企业的溢价率越高。

$$并购溢价\ Premuim = \frac{交易价格 - 被评估企业净资产账面价值 \times 收购比例}{被评估企业净资产账面价值 \times 收购比例}$$

$$(6-1)$$

此外，参考陈仕华等（2013）、潘爱玲等（2021）与刘建勇和周晓晓（2021）等学者的研究，本章控制了影响被并购企业价值的特征、公司治理特征和并购交易特征，包括企业规模（Size）、资产负债率（Lev）、资产收益率（Roa）、总资产收益率（Growth）、独立董事比例（Indratio）、两职合一（Dual）、股权制衡度（Zindex）、董事会规模（Board）、管理层持股比例（Mshare）、第一大股东持股比例（First）、流动比例（Slack）、每股收益（Eps）、收购比例（Ratio）和支付方式（Paytype）等，具体定义如表6-1所示。此外，本章节中对年度固定效应和行业固定效应进行控制。

表6-1　　　　　　　　　　　变量定义及度量方法

变量类型	变量名称	变量符号	定义及度量方法
被解释变量	并购溢价率	Premium	参照式（6-1）

续表

变量类型	变量名称	变量符号	定义及度量方法
解释变量	是否采用公允价值计量	FV_type	哑变量，若被并购企业采用公允价值计量取值为1，否则为0
	公允价值计量程度	FV_ratio	取被并购企业以公允价值计量资产和负债之和除以总资产的绝对值
	公允价值计量范围	FV_items	被并购企业以公允价值计量资产（或负债）项目的会计科目数量之和
控制变量	公司规模	Size	以上市公司当年年末总资产的自然对数度量
	资产负债率	Lev	以期末总负债除以期末总资产度量
	资产收益率	Roa	以本期净利润除以当年期末总资产度量
	营业收入增长率	Growth	以当年的营业收入变动额除以上年的营业收入度量
	独立董事占比	Indratio	以当年独立董事人数占董事会总人数比例度量
	两职合一	Dual	当董事长同时兼任总经理时，取值为1，否则取0
	股权制衡度	Zindex	以第一大股东持股比例除以第二大股东持股比例度量
	董事会规模	Board	取当年董事会总人数的自然对数
	管理层持股比例	Mshare	以管理层持股数量总和除以总股数
	股权结构	First	第一大股东持股比例
	流动比率	Slack	流动资产/流动负债
	每股收益	Eps	税后利润总额/股本总数
	收购比例	Ratio	并购交易中转移的股权比例
	支付方式	Paytype	是否为现金支付，若为现金支付取1，否则取0
哑变量	年度	Year	控制年度效应
	行业	Industry	控制行业效应

6.3.2 模型设定

为了检验被并购企业财务报表内公允价值计量运用水平与并购溢价

率之间的关系，本书构建模型（6-2）对假设6-1进行检验：

$$Premium_{i,t} = \alpha_0 + \alpha_1 FV_{i,t} + \alpha_2 Size_{i,t} + \alpha_3 Lev_{i,t} + \alpha_4 Roa_{i,t} + \alpha_5 Growth_{i,t}$$
$$+ \alpha_6 Indratio_{i,t} + \alpha_7 Dual_{i,t} + \alpha_8 Zindex_{i,t} + \alpha_9 Board_{i,t}$$
$$+ \alpha_{10} Mshare_{i,t} + \alpha_{11} First_{i,t} + \alpha_{12} Slack_{i,t} + \alpha_{13} Eps_{i,t}$$
$$+ \alpha_{14} Ratio_{i,t} + \alpha_{15} Paytype_{i,t} + Year + Industry + \varepsilon_1 \qquad (6-2)$$

其中，$Premium_{i,t}$为因变量，是指被并购企业 i 在 t 年度的并购交易中的并购溢价率；$FV_{i,t}$为自变量，是指被并购企业 i 在 t 年度财务报表中的公允价值计量运用水平，包括是否采用公允价值计量（FV_type）、公允价值计量程度（FV_ratio）和公允价值计量范围（FV_items）。

此外，参考王竞达和刘辰（2011）、李小荣等（2016）和翟进步等（2019）学者的研究，本书控制了其他影响企业价值评估溢价的因素，包括企业规模（Size）、资产负债率（Lev）、资产收益率（Roa）、总资产收益率（Growth）、独立董事比例（Indratio）、两职合一（Dual）、股权制衡度（Zindex）、董事会规模（Board）、管理层持股比例（Mshare）、第一大股东持股比例（First）、流动比率（Slack）、每股收益（Eps）、收购比例（Ratio）和收购支付方式（Paytype）等，具体定义如表6-1所示。此外，本章节中对年度固定效应和行业固定效应进行控制。

6.3.3 样本选择与数据来源

本书选择国泰安（CSMAR）并购重组数据库中我国沪深两市 A 股上市公司 2007~2019 年间发生的并购交易事件作为基本样本。由于本书中研究的公允价值计量模式并未要求非上市公司采用，为保证样本的一致性和数据的可获得性，需要保证交易双方均为上市公司，因此本书保存了被并购方为上市公司的样本。为避免异常数据影响，本书做如下筛选：（1）剔除交易双方中包含金融行业上市公司的并购交易；（2）剔除重组期间 ST 或 *ST 的样本；（3）剔除同一控制下的企业合并、交易不成功和收购比例低于 20% 的样本；（4）剔除资产剥离、资产置换、债务重组、股份回购等重组类型的样本；（5）剔除海外并购的样本。经以上筛选，同时结合企业并购价格数据的匹配，最终本章共取得172个样本。资产评估数据和其他财务数据来自于国泰安（CSMAR）数据库。为避免极端值对本章研究结果产生影响，对连续变量进行了上下各1%水平上的Winsorize缩尾处理。

6.4 实证检验与结果分析

6.4.1 样本的描述性统计

表6-2为变量的描述性统计结果，如表6-2所示，并购重组业务中被并购企业价值的溢价率平均达到0.018，标准差为0.100，最高值为0.766，这表明我国并购交易业务中被并购方企业价值的溢价率水平差异较大。并购交易业务的被并购企业中采用公允价值计量模式的企业达到67.30%，采用公允价值计量程度的均值为0.031，标准差为0.064，企业采用公允价值计量范围的均值为1.045，标准差为0.946，这说明并购交易企业中已经广泛使用公允价值进行计量，但不同企业间关于公允价值计量模式的使用范围和运用程度存在一定水平的差异。此外，本章中各自变量的方差膨胀因子（VIF）均低于10，这意味着此次多元线性回归模型中的自变量之间不存在严重的多重共线性。

表6-2 主要变量的描述性统计

变量	样本量	均值	标准差	最小值	最大值	中位数	VIF
Premium	172	0.018	0.100	−0.181	0.766	0.011	—
FV_type	172	0.673	0.469	0.000	1.000	1.000	2.90
FV_ratio	172	0.031	0.064	0.000	0.419	0.003	4.10
FV_items	172	1.045	0.946	0.000	4.000	1.000	2.36
Size	172	21.363	1.256	19.006	25.121	21.061	7.27
Lev	172	0.536	0.285	0.057	1.698	0.525	5.60

变量	样本量	均值	标准差	最小值	最大值	中位数	VIF
Roa	172	0.003	0.129	−0.433	0.613	0.009	3.39
Growth	172	0.278	1.761	−0.926	14.295	0.007	2.72
Indratio	172	0.375	0.048	0.308	0.500	0.364	4.06
Dual	172	0.287	0.453	0.000	1.000	0.000	2.95
Zindex	172	9.405	14.507	1.021	74.606	3.070	4.34
Board	172	2.101	0.217	1.609	2.708	2.197	4.40
Mshare	172	0.070	0.142	0.000	0.568	0.001	2.71
First	172	30.604	13.439	10.340	72.630	28.050	5.13
Slack	172	2.017	2.544	0.256	14.628	1.235	4.84
Eps	172	0.069	0.489	−0.930	2.080	0.040	5.09
Ratio	172	0.477	0.236	0.221	1.000	0.560	1.30
Paytype	172	0.960	0.196	0.000	1.000	1.000	1.51

6.4.2　相关性分析

表 6-3 是相关系数矩阵，揭示了主要变量之间的相关关系。在 Pearson 系数中，企业是否采用公允价值计量（FV_type）、使用公允价值的计量程度（FV_ratio）和使用公允价值的计量范围（FV_items）与被并购方企业价值的溢价率水平（Premium）的相关系数分别为 0.035、0.004 和 0.006，分别在 5%、10% 和 5% 的统计性水平上呈显著正相关关系。同时还发现，被并购方企业价值的溢价率水平（Premium）与流动比率、股权收购比例等变量呈正相关关系，与企业规模、负债水平、资产收益率、董事长与总经理两职兼任、股权制衡度、董事会规模、管理层持股比例、每股收益和支付方式等变量呈负相关关系。

第6章 公允价值计量与企业并购溢价

表 6 – 3

主要变量的 Pearson 相关系数

变量		1	2	3	4	5	6	7	8	9	10	11	12	13	14	15	16	17	18
Premium	1	1	—	—	—	—	—	—	—	—	—	—	—	—	—	—	—	—	—
FV_type	2	0.035**	1	—	—	—	—	—	—	—	—	—	—	—	—	—	—	—	—
FV_ratio	3	0.004*	0.295***	1	—	—	—	—	—	—	—	—	—	—	—	—	—	—	—
FV_items	4	0.006**	0.741***	0.373***	1	—	—	—	—	—	—	—	—	—	—	—	—	—	—
Size	5	-0.019*	0.265***	0.054***	0.425***	1	—	—	—	—	—	—	—	—	—	—	—	—	—
Lev	6	-0.022*	0.039*	-0.167***	0.079***	0.137***	1	—	—	—	—	—	—	—	—	—	—	—	—
Roa	7	-0.043*	0.045*	0.030*	0.046**	0.057***	-0.230**	1	—	—	—	—	—	—	—	—	—	—	—
Growth	8	-0.023	0.051*	-0.046**	-0.019	0.201***	0.002*	0.179***	1	—	—	—	—	—	—	—	—	—	—
Indratio	9	-0.016*	-0.001	0.067***	-0.102*	-0.035*	-0.030*	0.273***	0.138***	1	—	—	—	—	—	—	—	—	—
Dual	10	0.041*	-0.143**	0.055***	-0.066***	-0.129***	-0.161***	0.134***	-0.055**	-0.029	1	—	—	—	—	—	—	—	—
Zindex	11	-0.018*	0.023	-0.036	0.084***	0.266***	0.207***	-0.085**	-0.023	-0.136***	-0.096***	1	—	—	—	—	—	—	—
Board	12	-0.036*	0.196***	-0.076***	0.175***	0.193***	0.123***	-0.150***	-0.031*	-0.493***	-0.202***	0.112***	1	—	—	—	—	—	—
Mshare	13	-0.020*	-0.059***	-0.093***	-0.188***	-0.149***	-0.328***	0.097***	-0.003	0.163***	0.017	-0.159***	-0.178**	1	—	—	—	—	—
First	14	-0.021	0.116***	-0.056***	0.093***	0.370***	0.132***	-0.012	0.174***	-0.112***	-0.111***	0.536***	0.166***	-0.037***	1	—	—	—	—
Slack	15	0.023**	-0.079***	-0.053***	-0.124***	-0.194***	-0.577***	0.084***	-0.021	-0.047***	0.127***	-0.175***	-0.020	0.108***	-0.144**	1	—	—	—
Eps	16	-0.043*	0.124***	0.027	0.130***	0.193***	-0.194***	0.833***	0.284***	0.255***	0.084***	-0.078***	-0.137***	0.058***	0.044***	0.074***	1	—	—
Ratio	17	0.526***	-0.031*	-0.035*	-0.051**	-0.012	0.040*	-0.029*	-0.000	-0.012	0.001	0.004	0.025	-0.045**	0.051**	0.008	-0.049**	1	—
Paytype	18	-0.021*	0.039*	0.044*	0.068***	0.049**	-0.138***	0.025	0.022	0.054***	0.036	-0.049**	-0.067***	0.040***	0.002	0.040**	0.040**	-0.219***	1

注：***、**、*分别表示在1%、5%和10%水平上显著。

6.4.3 回归结果分析

表6-4中列示了被并购企业是否采用公允价值计量（FV_type）、采用公允价值计量程度（FV_ratio）和范围（FV_items）与其并购溢价率（Premium）进行检验的回归结果。结果表明，表6-4中列（1）~列（3）中FV_type、FV_ratio和FV_items的系数分别为0.014、0.103和0.012，分别在5%、5%和1%的统计性水平上显著为正，这说明被并购企业采用公允价值计量的水平与其并购溢价率显著正相关，即被并购企业的财务报表中使用公允价值计量的水平越高，并购方的溢价水平越高。这意味着，在我国上市公司并购交易的企业价值评估活动过程中，被并购企业财务报表内列报的公允价值计量信息并没有发挥显著的估值作用。本章实证结果与权威准则制定机构的演绎推理结果并不一致，这说明准则制定机构对于公允价值计量属性的理论期待与现实情况之间可能存在冲突。除此之外，在控制变量方面，企业规模、营业收入增长率和管理层持股比例等均与其并购溢价率显著负相关；而资产负债率、董事长和总经理两职合一、管理层持股比例、每股收益、收购比例和并购支付方式与其并购溢价率显著正相关。

表6-4　　　　　　　　　公允价值计量与并购溢价率

被解释变量	Premium		
	（1）FV = FV_type	（2）FV = FV_ratio	（3）FV = FV_items
FV	0.014 ** (2.081)	0.103 ** (2.571)	0.012 *** (3.784)
Size	-0.008 * (-1.927)	-0.007 * (-1.665)	-0.010 ** (-2.339)
Lev	0.044 *** (2.776)	0.046 *** (2.795)	0.042 *** (2.665)
Roa	-0.094 (-1.590)	-0.106 * (-1.784)	-0.091 (-1.546)
Growth	-0.002 ** (-2.142)	-0.002 ** (-2.008)	-0.002 (-1.643)

续表

被解释变量	Premium		
	（1）FV = FV_type	（2）FV = FV_ratio	（3）FV = FV_items
Indratio	- 0. 110 （ - 1. 554）	- 0. 106 （ - 1. 507）	- 0. 121 * （ - 1. 725）
Dual	0. 029 *** （4. 278）	0. 030 *** （4. 409）	0. 031 *** （4. 530）
Zindex	0. 000 （0. 385）	0. 000 （0. 616）	0. 000 （0. 481）
Board	0. 013 （0. 692）	0. 017 （0. 922）	0. 005 （0. 302）
Mshare	0. 059 *** （2. 796）	0. 064 *** （2. 938）	0. 075 *** （3. 469）
First	- 0. 000 （ - 0. 283）	- 0. 000 （ - 0. 204）	0. 000 （0. 058）
Slack	0. 001 （0. 464）	0. 001 （0. 425）	0. 001 （0. 525）
Eps	0. 058 *** （3. 654）	0. 061 *** （3. 868）	0. 055 *** （3. 517）
Ratio	0. 010 *** （25. 631）	0. 010 *** （25. 587）	0. 010 *** （25. 783）
Paytype	0. 040 *** （3. 086）	0. 039 *** （2. 968）	0. 039 *** （2. 986）
Constant	0. 185 * （1. 713）	0. 165 （1. 536）	0. 233 ** （2. 136）
Year	Yes	Yes	Yes
Industry	Yes	Yes	Yes
N	172	172	172
Adjust_R^2	0. 322	0. 321	0. 326

注：***、**、*分别表示在1%、5%和10%水平上显著。

6.5　稳健性检验

6.5.1　变更公允价值计量的度量方式

为了验证结论的稳定性，本书尝试变更公允价值计量的度量方式进行稳健性检验，本书参考张丽霞和张继勋（2013）的研究，以企业的公允价值变动损益占总资产的比例来度量被并购企业公允价值计量模式的运用水平。回归结果如表6-5所示，公允价值计量运用水平与企业并购溢价率之间的回归系数为2.692，在5%的统计性水平上显著为正，这说明被并购企业采用公允价值计量模式对相关资产（或负债）项目进行计量的水平越高，越可能提高并购方对被并购企业的并购溢价，回归结果与前文结果保持一致。

表6-5　　　稳健性检验（一）：变更公允价值计量的度量方式

被解释变量	Premium
FV_change	2.692 ** (2.478)
Size	-0.007 * (-1.659)
Lev	0.028 * (1.750)
Roa	-0.105 * (-1.786)
Growth	-0.002 * (-1.684)
Indratio	-0.101 (-1.433)
Dual	0.029 *** (4.147)
Zindex	0.000 (0.502)
Board	0.010 (0.547)
Mshare	0.055 *** (2.627)
First	-0.000 (-0.661)
Slack	-0.000 (-0.255)
Eps	0.061 *** (3.859)

续表

被解释变量	Premium
Ratio	0.010 *** (25.494)
Paytype	0.040 *** (3.047)
Constant	0.192 * (1.776)
Year	Yes
Industry	Yes
N	172
Adjust_R^2	0.323

注：***、**、*分别表示在1%、5%和10%水平上显著。

6.5.2　变更并购溢价率的度量方式

出于对被并购企业的控制权补偿或并购过程中的协同效应等原因，并购交易中普遍存在支付高额溢价的现象。有关国内外的并购交易研究数据均提供了支持，如埃克博和索尔本（Eckbo & Thorburn，2009）以美国本土公司并购交易为样本，发现其中发生溢价程度平均为48%，甚至有些高达100%；王爱群等（2020）统计发现我国企业跨国并购活动的溢价率平均达到28.82%。

为了验证结论的稳定性，本章对这一影响因素进行控制，采用经行业均值调整得到的企业并购溢价率（Premium2）重新度量企业并购的溢价水平。即以同行业企业并购溢价率的均值视为正常溢价率，企业并购异常溢价率等于企业并购的溢价率减去同行业企业并购正常溢价率。重新采用经行业均值调整的企业并购溢价率指标进行 OLS 回归的结果，如表6－6所示。表6－6中列（1）~列（3）被并购企业采用公允价值计量模式（FV_type）、公允价值计量模式的运用程度（FV_ratio）及公允价值计量模式的运用范围（FV_items）与经过行业均值调整的企业并购异常溢价率的回归系数分别为0.112、0.675 和 0.075，分别在 5%、10% 和1% 上显著为正。说明变更企业并购溢价率指标重新进行检验后，回归结果与前文基本一致，保持稳健和可靠。

表 6 - 6　　　　　稳健性检验（二）：变更并购溢价率的度量方式

被解释变量	Premium2		
	（1）　FV = FV_type	（2）　FV = FV_ratio	（3）　FV = FV_items
FV	0.112 ** (2.177)	0.675 * (1.840)	0.075 *** (3.046)
Size	−0.046 (−1.450)	−0.037 (−1.158)	−0.055 * (−1.699)
Lev	0.222 * (1.830)	0.224 * (1.792)	0.196 (1.641)
Roa	−0.464 (−1.025)	−0.550 (−1.213)	−0.460 (−1.016)
Growth	−0.020 ** (−2.270)	−0.019 ** (−2.094)	−0.016 * (−1.794)
Indratio	−0.222 (−0.410)	−0.179 (−0.330)	−0.267 (−0.494)
Dual	0.109 ** (2.076)	0.116 ** (2.206)	0.121 ** (2.295)
Zindex	−0.000 (−0.006)	0.000 (0.213)	0.000 (0.097)
Board	0.326 ** (2.347)	0.358 *** (2.579)	0.288 ** (2.062)
Mshare	0.374 ** (2.299)	0.401 ** (2.387)	0.465 *** (2.792)
First	−0.001 (−0.508)	−0.001 (−0.461)	−0.001 (−0.260)
Slack	0.004 (0.374)	0.003 (0.274)	0.004 (0.339)
Eps	0.302 ** (2.506)	0.328 *** (2.707)	0.291 ** (2.412)
Ratio	0.022 *** (7.285)	0.022 *** (7.231)	0.022 *** (7.316)
Paytype	0.195 ** (1.962)	0.184 * (1.846)	0.185 * (1.858)
Constant	−0.121 (−0.146)	−0.286 (−0.346)	0.128 (0.153)

续表

被解释变量	Premium2		
	（1） FV = FV_type	（2） FV = FV_ratio	（3） FV = FV_items
Year	Yes	Yes	Yes
Industry	Yes	Yes	Yes
N	172	172	172
Adjust_R^2	0.171	0.164	0.200

注：***、**、*分别表示在1%、5%和10%水平上显著。

6.5.3 固定效应模型

为了降低公司个体层面因素对于本书研究结论的影响，本书采用公司固定效应模型进行回归，结果如表6-7所示。列（1）~列（3）中被并购企业采用公允价值计量模式（FV_type）、公允价值计量模式的运用程度（FV_ratio）及公允价值计量模式的运用范围（FV_items）与企业并购溢价率之间的回归系数分别为0.014、0.103和0.012，分别在10%、5%和1%的统计性水平上显著为正。这与前述回归结果基本一致，表明本书前述数据是可靠的。

表6-7 稳健性检验（三）：固定效应模型

被解释变量	Premium2		
	（1） FV = FV_type	（2） FV = FV_ratio	（3） FV = FV_items
FV	0.014 * （1.856）	0.103 ** （2.160）	0.012 *** （2.777）
Size	−0.008 （−1.275）	−0.007 （−1.112）	−0.010 （−1.575）
Lev	0.044 * （1.843）	0.046 * （1.864）	0.042 * （1.748）
Roa	−0.094 （−0.920）	−0.106 （−1.035）	−0.091 （−0.904）
Growth	−0.002 （−1.385）	−0.002 （−1.322）	−0.002 （−1.117）
Indratio	−0.110 （−0.891）	−0.106 （−0.855）	−0.121 （−0.983）

第6章 公允价值计量与企业并购溢价

被解释变量	Premium2		
	（1） FV = FV_type	（2） FV = FV_ratio	（3） FV = FV_items
Dual	0.029 *** (3.004)	0.030 *** (3.070)	0.031 *** (3.136)
Zindex	0.000 (0.240)	0.000 (0.372)	0.000 (0.296)
Board	0.013 (0.394)	0.017 (0.507)	0.005 (0.175)
Mshare	0.059 ** (2.465)	0.064 ** (2.542)	0.075 *** (2.932)
First	−0.000 (−0.180)	−0.000 (−0.129)	0.000 (0.037)
Slack	0.001 (0.378)	0.001 (0.334)	0.001 (0.409)
Eps	0.058 * (1.836)	0.061 * (1.940)	0.055 * (1.793)
Ratio	0.010 *** (7.149)	0.010 *** (7.102)	0.010 *** (7.186)
Paytype	0.040 * (1.736)	0.039 * (1.670)	0.039 * (1.665)
Constant	0.185 (1.262)	0.165 (1.116)	0.233 (1.612)
Year	Yes	Yes	Yes
Industry	Yes	Yes	Yes
Firm	Yes	Yes	Yes
N	172	172	172
Adjust_R^2	0.322	0.321	0.326

注：*** 、** 、* 分别表示在1%、5%和10%水平上显著。

6.5.4 工具变量法

本章研究了被并购企业中公允价值计量模式的运用水平影响企业并购溢价率，为了缓解内生性问题，本书采用工具变量法进行稳健性检验，已有研究表明企业间会计信息披露具有"同伴效应"（李青原和王露萌，2019；王帆等，2020），因此采用同行业会计信息均值为工具变量进行稳健性检验，"同年度同行业内企业公允价值计量的运用程度平均值（Peer_fv）"作为回归结果如表 6-8 所示。在表 6-8 的列（1）、列（3）和列（5）中，工具变量（Peer_fv）与企业公允价值计量的使用程度（FV）显著正相关，系数分别为 1.011、0.960 和 1.011，t 值分别为 64.454、50.250 和 54.376。根据弱工具变量的检验结果，各工具变量的 F 值均大于 10，拒绝原假设，意味着在统计上，此次研究中该工具变量的选择具有合理性。列（2）、列（4）和列（6）中被并购企业采用公允价值计量模式（FV_type）、公允价值计量模式的运用程度（FV_ratio）及公允价值计量模式的运用范围（FV_items）与价值评估机构对企业价值估计结果之间的回归系数分别为 0.008、0.061 和 0.012，分别在 10%、10% 和 1% 的统计性水平上显著为正，与主回归模型的结果基本一致。

表 6-8　　　　　　　稳健性检验（四）：工具变量法

| 被解释变量 | Valuation_add | | | | | |
| | Peer_fv = Peer_fvtype FV = FV_type | | Peer_fv = Peer_fvratio FV = FV_ratio | | Peer_fv = Peer_fvitems FV = FV_items | |
	（1）一阶段	（2）二阶段	（3）一阶段	（4）二阶段	（5）一阶段	（6）二阶段
Peer_fv	1.011 *** (64.454)	—	0.960 *** (50.250)	—	1.011 *** (54.376)	—
FV	—	0.008 * (1.896)	—	0.061 * (1.740)	—	0.012 *** (3.013)
Size	0.052 *** (6.368)	−0.007 * (−1.830)	−0.001 (−0.866)	−0.007 * (−1.683)	0.147 *** (7.764)	−0.010 ** (−2.346)
Lev	−0.064 ** (−2.053)	0.042 *** (2.680)	−0.018 *** (−4.660)	0.043 *** (2.604)	0.122 * (1.695)	0.041 *** (2.722)
Roa	0.845 *** (7.157)	−0.097 * (−1.677)	0.034 ** (2.426)	−0.104 * (−1.797)	1.471 *** (5.376)	−0.091 (−1.590)
Growth	0.041 *** (17.869)	−0.002 ** (−2.054)	0.001 *** (3.276)	−0.002 ** (−1.973)	0.045 *** (8.427)	−0.002 * (−1.690)
Indratio	−0.146 (−1.044)	−0.104 (−1.506)	−0.008 (−0.476)	−0.102 (−1.472)	0.776 ** (2.406)	−0.120 * (−1.750)
Dual	−0.017 (−1.246)	0.030 *** (4.424)	−0.011 *** (−6.723)	0.030 *** (4.507)	−0.054 * (−1.703)	0.031 *** (4.637)

第 6 章　公允价值计量与企业并购溢价

续表

| 被解释变量 | Valuation_add | | | | | |
| | Peer_fv = Peer_fvtype FV = FV_type | | Peer_fv = Peer_fvratio FV = FV_ratio | | Peer_fv = Peer_fvitems FV = FV_items | |
	(1) 一阶段	(2) 二阶段	(3) 一阶段	(4) 二阶段	(5) 一阶段	(6) 二阶段
Zindex	-0.001 ** (-2.479)	0.000 (0.440)	-0.000 *** (-5.719)	0.000 (0.579)	-0.011 *** (-8.682)	0.000 (0.494)
Board	0.102 *** (2.858)	0.014 (0.777)	-0.004 (-0.840)	0.016 (0.921)	0.205 ** (2.455)	0.006 (0.327)
Mshare	0.228 *** (5.393)	0.058 *** (2.786)	-0.039 *** (-7.629)	0.061 *** (2.779)	-0.704 *** (-7.171)	0.075 *** (3.468)
First	0.001 (1.620)	-0.000 (-0.336)	-0.000 *** (-4.226)	-0.000 (-0.288)	-0.006 *** (-4.255)	0.000 (0.043)
Slack	-0.014 *** (-4.884)	0.000 (0.333)	-0.001 *** (-4.127)	0.000 (0.301)	0.002 (0.303)	0.001 (0.523)
Eps	-0.194 *** (-6.192)	0.058 *** (3.779)	-0.005 (-1.461)	0.060 *** (3.896)	-0.466 *** (-6.352)	0.055 *** (3.609)
Ratio	0.000 (0.025)	0.010 *** (26.201)	-0.000 ** (-2.062)	0.010 *** (26.154)	0.002 (0.896)	0.010 *** (26.406)
Paytype	0.004 (0.172)	0.040 *** (3.131)	0.001 (0.197)	0.039 *** (3.058)	0.003 (0.046)	0.039 *** (3.062)
Constant	-1.382 *** (-6.521)	0.176 * (1.666)	0.066 ** (2.567)	0.164 (1.562)	-3.773 *** (-7.634)	0.230 ** (2.149)
Year	Yes	Yes	Yes	Yes	Yes	Yes
Industry	Yes	Yes	Yes	Yes	Yes	Yes
N	163	163	163	163	163	163
Adjust_R^2	0.903	0.354	0.905	0.354	0.850	0.359
F 值	186.82	—	189.85	—	113.50	—

注: *** 、 ** 、 * 分别表示在1%、5%和10%水平上显著。

6.6 进一步研究：环境不确定性的调节作用

本章的研究内容是被并购企业公允价值计量模式的运用水平对并购溢价的影响，被并购企业相关资产（或负债）项目的公允价值计量信息需要借助外部环境进行确定。当企业所处的环境不确定性较强时，难以识别被并购方财务报表内列报的公允价值计量信息的准确程度，需要重新评估被并购企业价值，明显提升了并购方估计被并购企业价值的难度，提高了并购方团队的工作压力，降低了并购方的工作效率，更有可能产生非理性行为，出现溢价并购。综上所述，本书认为，高不确定性的外部环境会降低被并购企业财务报表内列报的公允价值计量信息的准确度，降低了被并购企业财务报表内公允价值计量信息的估值作用，降低了并购方利用被并购方财务报表资料进行企业价值评估的可能性，降低了并购方的工作效率，导致并购方可能会出现非理性行为，从而提高了企业并购溢价率。

为了检验上述问题，即检验环境不确定性（EU）对于公允价值计量与企业并购溢价率关系的调节作用，在上述模型（6-2）中加入公允价值计量（$FV_{i,t}$）与环境不确定性（EU）的交乘项，构建以下模型（6-3）：

$$
\begin{aligned}
Premium_{i,t} = {} & \lambda_0 + \lambda_1 FV_{i,t} + \lambda_2 EU_{i,t} + \lambda_3 EU \times FV_{i,t} + \lambda_4 Size_{i,t} + \lambda_5 Lev_{i,t} \\
& + \lambda_6 Roa_{i,t} + \lambda_7 Growth_{i,t} + \lambda_8 Indratio_{i,t} + \lambda_9 Dual_{i,t} \\
& + \lambda_{10} Zindex_{i,t} + \lambda_{11} Board_{i,t} + \lambda_{12} Mshare_{i,t} + \lambda_{13} First_{i,t} \\
& + \lambda_{14} Slack_{i,t} + \lambda_{15} Eps_{i,t} + \lambda_{16} Ratio_{i,t} + \lambda_{17} Paytype_{i,t} \\
& + Year + Industry + \varepsilon_2 \quad\quad\quad\quad\quad\quad\quad\quad\quad (6-3)
\end{aligned}
$$

表6-9中列示了当企业面临的环境不确定时，其采用公允价值计量水平对其企业并购溢价率进行检验的回归结果。结果表明，列（1）~列（3）中环境不确定性与公允价值运用程度的交乘项 EU×FV_type、EU×FV_ratio 和 EU×FV_items 的系数分别为 0.077、0.250 和 0.030，分别在 1%、10% 和 1% 的统计性水平上显著为正，说明外部环境的不确定性水平对于被并购企业财务报表内采用公允价值计量水平与企业并购溢价率之间的关系具有调节作用，即外部环境的不确定性加剧了被并购企业财务报表中使用公允价值计量的水平对企业并购溢价率的影响。

表 6 – 9 　　　　　　进一步研究：环境不确定性的调节作用

被解释变量	Premium		
	（1） FV = FV_type	（2） FV = FV_ratio	（3） FV = FV_items
FV	0. 072 *** (4. 948)	0. 244 ** (2. 390)	0. 028 *** (5. 392)
EU	− 0. 051 *** (− 3. 575)	− 0. 004 (− 0. 456)	− 0. 037 *** (− 2. 928)
EU × FV	0. 077 *** (4. 854)	0. 250 * (1. 861)	0. 030 *** (4. 296)
Size	− 0. 006 (− 1. 395)	− 0. 005 (− 1. 044)	− 0. 006 (− 1. 261)
Lev	0. 060 *** (3. 658)	0. 045 *** (2. 664)	0. 054 *** (3. 344)
Roa	− 0. 163 *** (− 2. 634)	− 0. 115 * (− 1. 890)	− 0. 147 ** (− 2. 404)
Growth	− 0. 002 (− 1. 281)	− 0. 002 (− 1. 452)	− 0. 001 (− 1. 012)
Indratio	− 0. 130 * (− 1. 805)	− 0. 132 * (− 1. 817)	− 0. 140 * (− 1. 944)
Dual	0. 031 *** (4. 452)	0. 029 *** (4. 093)	0. 033 *** (4. 676)
Zindex	0. 000 (0. 210)	0. 000 (0. 576)	− 0. 000 (− 0. 060)
Board	0. 004 (0. 214)	0. 006 (0. 306)	− 0. 005 (− 0. 277)
Mshare	0. 056 ** (2. 445)	0. 064 *** (2. 712)	0. 059 ** (2. 503)
First	− 0. 000 (− 1. 195)	− 0. 000 (− 1. 012)	− 0. 000 (− 0. 856)
Slack	0. 002 (1. 115)	0. 000 (0. 239)	0. 001 (0. 631)
Eps	0. 066 *** (4. 075)	0. 062 *** (3. 843)	0. 065 *** (3. 983)
Ratio	0. 010 *** (25. 062)	0. 010 *** (24. 595)	0. 010 *** (24. 986)
Paytype	0. 044 *** (3. 444)	0. 040 *** (3. 069)	0. 042 *** (3. 275)

续表

被解释变量	Premium		
	(1) FV = FV_type	(2) FV = FV_ratio	(3) FV = FV_items
Constant	0.105 (0.917)	0.161 (1.431)	0.134 (1.163)
Year	Yes	Yes	Yes
Industry	Yes	Yes	Yes
N	172	172	172
Adjust_R^2	0.330	0.322	0.332

注：***、**、*分别表示在1%、5%和10%水平上显著。

6.7 本章小结

本章从并购方对被并购企业并购溢价的视角研究公允价值计量模式的估值有用性，并研究了环境不确定程度对被并购方公允价值计量模式的运用水平与并购溢价率产生的影响。实证结果表明，在并购交易事件中，被并购企业采用公允价值计量的水平越高，并购方投出竞价的并购溢价率越高。这说明在企业并购业务中，被并购企业财务报表中公允价值计量模式使用范围的扩大并不一定能提高并购方团队对被并购企业价值的判断与估计。同时还发现，环境不确定性加剧了被并购企业财务报表内公允价值计量模式运用水平对企业并购溢价率的影响。

首先，本章的研究说明财务报表内报告的公允价值计量模式的运用在提高财务报表使用者对企业价值评估方面可能存在局限性，准则制定机构应更加慎重地看待公允价值计量模式进入财务报表内的估值作用，避免放大和高估在财务报表内报告公允价值计量结果的估值有用性，应认识到单项资产（或负债）项目的公允价值计量对于企业整体价值估计与判断仍有距离，不能将两者同等看待。其次，并购方应注重对被并购企业真实价值的识别与判断，在确定并购交易定价的过程中，在充分搜集信息的基础上，尤其需要谨慎估计被并购企业采用公允价值计量属性

第6章 公允价值计量与企业并购溢价

的相关资产（或负债）项目的价值，避免因公允价值信息而盲目进行乐观判断，充分认识公允价值理念与公允价值计量模式之间的区别。最后，并购方在进行交易价格确定的过程中，也需要格外重视被并购企业所处环境的不确定程度，避免受高不确定性环境的影响发生溢价并购，降低后续并购绩效。

第7章　公允价值会计规则的评价与改进

7.1　公允价值会计规则的成本效益分析与评价

关于公允价值会计规则的研究文献很多，大量国内外学者已经从公允价值会计规则的价值相关性、逻辑基础、可实现性、计量属性体系构建等方面进行过分析，但采用成本效益原则对其进行评价和分析的并不多见。我们认为，研究公允价值会计规则的实施情况，不仅要重视公允价值会计规则产生的经济效果是否符合预期，而且要关注实施过程中相关现实条件的限制（如会计技术的支持、企业现实环境的限制与制约）和预期外的负面影响等（如由于公允价值会计规则频繁变更导致的过渡期衔接问题、会计人员人力成本付出），因此有必要根据成本效益分析法对公允价值会计规则进行评价。本章针对公允价值会计规则的成本效益问题，具体从企业现实环境和财务报告信息质量两个角度展开讨论与分析。

第一，从企业现实环境角度分析。本章尝试分别从企业内部的治理环境和企业外部的市场环境开展讨论和分析。一方面，就企业内部治理环境而言，公允价值会计规则是一把双刃剑。由于企业采用公允价值计量模式，需要借助企业内部的估计与管理层判断，从而导致企业公允价值计量结果的质量极大地依赖于企业内部治理水平。与此同时，高质量的公允价值计量信息也在一定程度上向企业外部传递了内部私有信息，有助于降低企业内外部之间的信息不对称水平，有助于加强外部监督，改善企业内部治理环境。但是不可忽视的是，由于外部观察者难以对企业内部信息进行复核和甄别，当企业管理层故意借助公允价值信息误导外部信息使用者时，公允价值信息将干扰信息使用者的判断与监督，加剧企业内外部信息的不对称水平，长此以往将容易产生内部人控制现象，恶化企业内部治理环境。另一方面，就企业外部市场环境而言，公允价值会计规则的运用与其相互依存。企业采用公允价值计量模式需要借助于活跃的交易市场，而众多企业相关资产的公允价值计价又会反作用于外部市场，增强其活跃程度。当不存在活跃的交易市场时，企业难以采用公允价值计量模式，此时也无法在企业间形成内部市场，也无法提升外部市场的活跃程度，难以形成良序发展。这方面的典型例子有衍生金融工具，其公允价值计量的运用与市场环境状况密切相关。

总体而言，虽然会计准则的制定和发展始终与环境密切相关，但是不可否认的是，公允价值会计规则将相关资产（或负债）项目的部分计价权赋予企业管理层，为管理层进行会计政策选择和盈余管理留下了很大的空间，不利于对企业管理层的行为进行监督与约束。

第二，从财务报告信息质量角度分析。目前，无论是国际会计准则、美国会计准则，还是我国企业会计准则，均将公允价值计量属性作为一种基本计量属性引入会计核算体系和财务报表体系。相关准则制定机构的初衷是为了改善财务报告的信息质量，提高财务报告使用者的决策效率。但是，相关准则制定机构的这一主观期望，并未充分考虑财务报告的基本功能和固有局限性，而且公允价值会计规则的变更与调整也没有得到现实条件的有力支持。

在理论上，公允价值计量模式不仅在谨慎性原则、配比原则等方面与会计核算体系相冲突，而且与财务报告基本职能和固有特点相矛盾。其结果是，以损害会计核算体系、混淆财务报告关键内容为代价，换取对企业部分资产项目的现时价值的估计，而这部分资产项目的现时价值的变动，在其完全实现前并不适合在利润表中体现。但现行会计准则强制要求将这部分资产项目的现时价值变动计入当期损益或其他综合收益，这对会计利润造成严重干扰和扭曲。加之，以公允价值计量的财务报表也不能完全反映企业价值，从而导致无法保证企业财务报告的信息质量。

在实务中，公允价值会计规则的相关内容反复进行变更和调整，不仅对企业估值技术的不断完善提出了较高的要求，而且对会计从业人员持续学习更新的会计规则提出了严格要求。尤其是，考虑到历史成本计量模式在确认企业真实利润和可靠性方面的巨大优势，盲目追求公允价值计量模式对企业未来价值进行精确计量，在一定程度上造成了资源的浪费。

同时，从企业会计准则的实施情况来看，公允价值相关会计规则的多次调整与变更，消耗了大量的社会公共资源。目前学术界将有关会计准则的制定理论分为公众利益理论和利益集团理论两种。基于公众利益理论的思想，会计准则制定机构要以保护全社会公众利益为基本目标，采取强制性政策措施调整市场可能出现的失灵，最终寻求全体社会成员共同利益的最优。而利益集团理论则认为，会计准则是一种商品，同时存在需求方和供给方，当存在多种需求时，各种利益集团会对准则制定机构进行游说，从而满足自身利益的目的。众所周知，我国是以公有制为主体的社会主义国家，财政部制定会计准则是通过执行政府职能，以促进经济发展、维护市场秩序为目的。因此，在寻求适合我国实际情况的会计准则的过程中应当充分重视公众利益理论的诉求。综上所述，结合公众利益理论，在我国企业会计准则变革过程中应当结合社会公众利益综合考虑，不能为了满足现有的和潜在的投资者与债权人对企业部分资产的估值信息需求，而损害社会公众利益，如损耗大量人力、物力等社会资源，以及忽视税务机构、政府监管部门等代表社会公众利益的机构对于会计信息的需求。

总体而言，现行公允价值会计规则对未完整结束的会计交易事项和未完全实现的企业价值进行确定，其出发点更多的是试图消除和降低不确定性，但是忽略了这一激进追求背后的代价。从企业现实环境和财务报告信息质量两个角度看，现行会计准则对于企业价值评估的激进追求，不仅给会计人员的日常工作带来了大量额外的工作量，平白增添了工作强度和工作压力，浪费了一系列人力资源和物力资源，而且也为企业管理层操纵企业利润留下了很大的空间，干扰了会计核算体系和财务报告体系的正常运行，可能会进一步衍生出新的不确定性和矛盾。

7.2　公允价值会计规则的改进

如前所述，本书的研究是在坚持基本财务报表特征和核心信息的基础上，探讨公允价值信息的估值作用，进而从成本效益分析角度对财务报表内引入公允价值计量模式进行探讨，讨论会计准则是否有必要以公允价值计量模式取代历史成本计量模式。因此，本书的研究重点是，进入会计核算体系和财务报表体系的公允价值计量模式，是否达到了其理论预期，其是否能够和如何发挥估值作用，是否干扰和扭曲了会计核算体系和财务报表体系。

针对现有财务报告体系中公允价值计量模式存在的诸多矛盾和冲突，本书认为基本的解决思路是，坚持以高度可靠的财务信息作为基本财务报表的核心信息，在此前提下，将公允价值信息从表内确认的方式调整为表外披露的方式。具体到表外披露的方式，又可以细分为将公允价值信息纳入财务报表附注和增加一张辅助财务报表列示估值信息两种改进方案。

上述两种方案具有以下四点优势：第一，表外披露的公允价值信息在提供企业价值估值信息的同时，可以有效减少目前学术界关于公允价值计量模式的诸多质疑。表外披露的形式意味着公允价值信息能够从财务报表体系和会计核算体系中独立出来，可以避免对基本会计核算系统和基本财务报表系统的干扰。第二，表外披露的形式可以允许企业在更大范围内披露资产、负债的公允价值信息，不再仅局限于现行会计准则要求列报的部分资产与负债的公允价值信息，从而有助于财务报告使用者更加全面地了解企业各项资产（或负债）项目的现时价值。第三，从公允价值计量的未实现性角度看，随着企业持续运营和资本市场的向前发展，已实现收益和未实现收益两者之间的差别将会越来越大，企业权益的内在价值与账面价值之间也可能会逐渐拉开差距。因此，表外披露企业资产与负债的公允价值信息，不仅有助于财务报告使用者更好地关注和了解企业收益实现情况和进度，而且能够有助于财务报告体系更好地应对资本市场发展。第四，从学术研究的角度看，表外披露公允价值信息的同时，意味着要在基本财务报表的表内列报资产（或负债）项目基于历史成本计量的信息。针对企业某一项资产（或负债）项目分别在表内列报基于历史成本的账面价值信息、在表外披露其资产负债表日的现时价值信息，能够有助于学术界深入研究和比较两种计量属性各自的优缺点，有益于会计准则的后续完善和发展。

此外，需要说明的是，本书建议以财务报表附注或辅助财务报表的形式披露公允价值计量信息，而并不是基于简单的折中思想或无凭无据。本书提出上述两种方案具有理论依据与实践支撑，在理论层面主要基于决策有用信息观的理论分析，在实践层面则基于公允价值会计规则发展过程的经验证据。

具体而言，一方面，决策有用的信息观强调会计信息应进行充分披露，认为资本市场是有效的，且投资者也能够进行理性判断，财务报告披露中有关公允价值计量信息的披露可能会包含企业内部私有信息和管理层的判断，属于"新"的信息，能够提供增量信息（朱丹等，2010），而相关财务报告信息是否、如何及在多大程度上能够为财务报告使用者的具体分析和决策提供帮助，则取决于财务报告使用者个人。另一方面，根据我们对公允价值会计规则在美国的发展过程的梳理，我们发现在1993 年之前，金融工具和衍生金融工具的公允价值信息在表外披露时，没有引发诸多争论，但是自 FASB 在 1993 年颁布实施的《对某些债务性及权益性证券投资的会计处理》（以下简称"SFAS 115"），开始要求企业对其持有的证券可能获得的利得与损失均在收益表中进行披露，至此，表内确认的公允价值计量开始遭到外界的质疑和反对。且 AICPA 在 1994年的调查报告（Jenkins 报告）表明，财务报告使用者出于对财务报告信息的一贯性、可靠性和成本效益原则等的考虑，并不主张以代替的形式完全否定历史成本模式（周中胜和窦家春，2011）。

第 8 章　研究结论与研究建议

8.1　研究结论

　　基于对"公允价值信息是否具有估值作用"这一关键问题的认识不同，学术界有关公允价值会计规则的讨论主要分成两种观点。第一种观点认为，在目前的现实条件下，不论是目前我国资本市场的发展水平、估值技术成熟程度，还是目前的会计准则体系的完善程度，尚不满足在财务报表内采用公允价值计量属性对企业相关资产（或负债）项目进行确认的实施条件。如上市公司财务报表中的公允价值计量极大地依赖记账主体的主观判断，为管理层进行会计政策选择和盈余管理留下了空间和机会（Aboody et al.，2006；叶建芳等，2009；李文耀和许新霞，2015；蔡利等，2018），这对企业内部治理环境要求较高。又如，公允价值计量结果的不确定性也对会计准则体系的相关性和可靠性同时产生干扰（陈朝琳，2019），不利于财务报告使用者对企业价值进行估计。第二种观点认为，在财务报表内列报企业的公允价值计量信息，通过对相关资产（或负债）项目采用公允价值计量模式进行计价和估值，向外部使用者传递了管理层私有信息（朱丹等，2010；黄霖华等，2015；王雷和李冰心，2018），具有增量意义。

　　沿袭 FASB 和 IASB 概念框架基于"决策有用"在财务报表内引入公允价值计量模式的演绎推理，本研究就公允价值信息是否具有估值作用进行了探讨和分析。在前述的理论分析和实证检验结果的基础上，得到了如下研究结论：

　　第一，不论是公允价值理念中对于企业价值评估的主观期望与财务报告体系基本特点之间，还是财务报表内采用的公允价值计量模式与会计核算体系之间，均可能有所冲突。因此，公允价值会计规则与现行会计准则体系在理论上并不协调。在实务中，公允价值信息的估值作用的发挥也受到诸多限制，如复杂概念的可理解性和可操作性均较低。

　　第二，在并购业务中，从评估机构执业人员对于企业价值评估方法选择的视角进行研究，发现在进行专业的企业价值评估过程中，专业评估机构对于被并购企业财务报表内列报的公允价值信息并没有表现出明显的依赖和参考。在三种企业价值评估方法中，相较于收益法和市场法而言，资产基础法对于被并购企业财务报表资料的依赖程度更高。实证结果表明，被并购企业中财务报表内公允价值计量模式的运用水平与专业评估机构对资产基础法的选择成反比，这说明被并购企业中财务报表内公允价值计量的运用水平的提高并不利于专业的价值评估机构参考和利用被并购企业的财务报表资料。其中，可能是由于被并购企业财务报表内列报的公允价值信息的高不确定性导致其可靠性降低。考虑到公允价值计量模式受环境不确定性影响较大，在进一步研究中，本书就环境不确定性程度和企业价值评估机构的行业排名对公允价值计量水平与评估机构对企业价值评估方法的选择之间的调节作用进行检验，实证结果表明，环境不确定水平和评估机构的行业排名在两者之间起到负向作用，这说明高不确定性的环境和靠前的评估机构行业排名确实对公允价值计量模式估值作用的发挥起到抑制作用。

　　第三，在并购交易过程中，从评估机构执业人员对于被并购企业价值评估溢价视角进行研究的实证结果表明，当被并购企业财务报表中采用公允价值计量的水平越高，专业估值机构对企业价值的评估溢价率越高，这说明被并购企业财务报表中的公允价值计量信息对于价值评估机构的企业价值评估造成了误导，导致评估机构的估值结果远高于被并购企业账面价值。考虑到环境不确定性对公允价值计量信息准确度的影响和价值评估机构的行业排名对评估结果溢价水平的影响，在进一步研究中，分别考察了环境不确定性和企业价值评估机构的规模对于被并购企业公允价值计量的运用水平与企业价值评估的溢价水平两者之间关系的调节作用。实证结果表明，环境不确定性加剧了两者之间的负相关关系，而评估机构的规模对两者之间的关系则有所缓解。此外，考虑到 2014 年实施的 CAS 39 进一步规范了公允价值计量信息的披露，本书以 CAS 39 为外生事件进行双重差分检验，实证结果表明，CAS 39 关于公允价值计量模式的进一步规范，并不能导致被并购企业对公允价值计量的运用明显降低专业评估机构对企业价值评估的溢价水平。

第四，在并购交易中，从并购方对于并购交易价格确定视角进行研究的实证结果表明，被并购企业采用公允价值计量的水平越高，并购双方博弈产生的并购交易价格的溢价率越高，这说明被并购企业财务报表中的公允价值计量信息可能误导了并购方对被并购企业价值的评估，不利于并购方在并购交易价格博弈过程中把握主动权。进一步研究发现，被并购企业环境不确定水平的提高也对两者之间的关系产生了负面调节作用。

综上所述，本书的研究立足于公允价值信息的估值作用，具体针对并购交易事项中，专业评估机构和并购方在评估被并购企业的权益价值时，是否受到被并购企业公允价值计量的运用水平的影响。本书在深入研究的基础上得出基本结论，会计准则制定机构和其他利益相关方需要审慎看待公允价值计量模式，要避免高估公允价值信息的估值作用，要防范公允价值计量模式的滥用，以免损害财务报表的基本功能。

8.2 研究局限及未来研究设想

8.2.1 研究局限

本书就公允价值信息的估值有用性的理论依据和实务发展进行了仔细梳理和分析，尝试对财务报表内确认的公允价值计量信息和财务报告披露的公允价值信息进行区分。在此基础上，以上市公司并购交易为样本，对专业的价值评估机构和并购方对于被并购企业价值的判断过程进行研究，讨论被并购方财务报表内确认的公允价值计量信息对价值评估机构和并购方的价值判断过程是否产生及如何产生影响，并考虑了环境不确定水平对于相关企业价值判断过程产生的影响，给出了相关经验数据结果。但是本书仍然存在一些局限性和未解决的问题，下面从理论和实证两个方面来具体说明。

第一，在理论分析方面，本书整理了公允价值计量会计准则的发展，对财务报表内列报公允价值计量信息发挥估值作用的理论冲突和实务可行性进行了阐述，并基于并购交易事项，分析了专业评估机构和并购方对被并购企业价值进行评估时，公允价值计量信息发挥估值作用的局限性，但研究的理论分析还不够细致，对表内列报的公允价值计量信息与专业评估机构的价值判断之间关系的分析还不够深入，对被并购企业的公允价值计量模式选择与评估机构和并购方对其价值评估之间可能存在的影响考虑得还不够全面。

同时，由于企业价值评估业务主要有两种类型，分别为初始并购时的企业价值评估和每年针对企业商誉减值的评估。本书主要针对第一种业务类型展开研究，考虑到本书的研究内容是研究并购过程中的企业价值评估，没有将第二种业务类型纳入现有的研究框架进行讨论，因此在这方面存在一定的局限性。

第二，在实证检验方面，本书主要是从并购交易过程中，被并购方企业财务报表内的公允价值计量信息的估值作用来进行理论分析和实证检验。研究的起点是被并购方企业财务报表中公允价值计量模式的运用水平，由于我国现行企业会计准则只允许部分业务的会计计量使用公允价值计量模式，所以可能造成上市公司中公允价值计量模式运用水平出现差异是企业客观业务原因（如金融工具投资）和会计主体主观选择原因（如投资性房地产业务）共同导致的。本书由于样本数量限制对造成公允价值计量模式在不同上市公司中运用程度出现差异的原因无法进行区分，需要在后续的研究中尝试进行进一步检验。

此外，本研究中没有对公允价值计量的输入层次进行系统分析和研究，基于 CAS 39《公允价值计量》，不同输入层次的公允价值计量，其中包含的信息质量不同，可能会对其估值作用的发挥有所影响。但由于此次研究数据的限制，无法进行分类研究。

第三，专业评估机构对被并购企业财务报表的依赖程度的度量。由于直接测度专业评估机构在评估企业价值时，是否依赖和在多大程度上依赖被并购企业公允价值计量信息和其他财务报表资料，其难度很大，只能依据专业评估机构对被并购企业价值评估方法的选择来进行间接度量。虽然三种企业价值评估方法对于财务报表的依赖程度的确存在区别，可以在一定程度上说明问题并进行实证研究，但由于不同并购决策的并购动因也存在差异，评估目标企业价值的出发点随之不同，从而导致价值评估方法也有所差异，因此导致相关度量仍然存在局限性。

8.2.2 未来研究设想

第一，有关公允价值计量信息对于财务报告使用者的估值作用的研究，未来可考虑采取问卷调查、访谈等形式与财务报告使用者进行有效沟通，切实获取第一手资料。比如，就上市公司的投资者而言，可考虑与投资决策类型相结合，综合考虑不同决策类型下，财务报表信息特别是公允价值计量信息在投资者的决策过程中所发挥的作用；而对于税务机关等监管部门而言，也应及时了解其监管需求，提供与其监管相关的资料。此外，也可考虑采用多案例研究的形式，了解上市公司公允价值信息的生成过程，以及该过程中上市公司所需要付出的一系列人力成本与资源，更进一步从成本效益角度深入了解上市公司公允价值信息的估值作用。

第二，涉及公允价值计量信息的估值作用的研究。本书中没有对公允价值计量的输入层次进行系统分析和研究，其中包含的信息不同，可能会对其估值作用的发挥有所影响。如果未来能够获得足够多的数据，可以考虑进行深入研究，进一步探讨公允价值计量信息的估值作用。进一步地，未来如果能够同时获得企业资产（或负债）项目的历史成本计量数据和公允价值计量数据，可以更加直接、更具针对性地对两种计量属性下会计信息的估值作用进行对比研究，使得研究结论更加可靠。

　　第三，如何防范企业管理层利用公允价值信息进行盈余管理，掩藏企业风险，是一个需要深入思考的问题。不论企业财务报告中的公允价值信息披露是采用表内列报的形式，还是表外披露的形式，都不可避免地涉及到企业内部估计和管理层判断，相关的信息不对称现象始终存在，无法回避。因此在后续会计准则改革过程中，应尽可能降低管理层对公允价值信息的操纵空间，同时应当结合公司治理机制的设计等综合措施加以约束。

参 考 文 献

［1］白默，刘志远．公允价值计量层级与信息的决策相关性——基于中国上市公司的经验证据［J］．经济与管理研究，2011（11）：101－106．

［2］白智奇，张宁宁，张莹．高管薪酬契约参照与企业并购——并购溢价及并购绩效［J］．经济与管理评论，2021，37（1）：150－160．

［3］边泓，周晓苏，郑嵘．启发式认知下的会计信息价值相关性研究［J］．南开管理评论，2009，12（2）：107－114．

［4］边泓．行为因素对会计信息价值相关性的折射效应研究［J］．证券市场导报，2009（8）：64－71．

［5］蔡传里，许家林．公司信息透明度与价值相关性——来自深市上市公司2004～2006年的经验证据［J］．山西财经大学学报，2009，31（7）：74－83．

［6］蔡利，唐嘉尉，蔡春．公允价值计量、盈余管理与审计师应对策略［J］．会计研究，2018（11）：85－91．

［7］蔡璐，杨良，王玉凤．资产评估方法的选择与资产评估结果合理性分析［J］．商业经济研究，2017（1）：177－178．

［8］曹越，彭可人．会计学对科斯定理的完善与推进［J］．会计研究，2019（11）：34－40．

［9］陈朝琳．《企业会计准则第39号——公允价值计量》解读［J］．财会通讯，2014（19）：103－104．

［10］陈峻，王雄元，彭旋．环境不确定性、客户集中度与权益资本成本［J］．会计研究，2015（11）：76－82．

［11］陈骏，徐玉德．并购重组是掏空还是支持——基于资产评估视角的经验研究［J］．财贸经济，2012（9）：76－84．

［12］陈丽红，张呈，张龙平，牛艺琳．关键审计事项披露与盈余价值相关性［J］．审计研究，2019（3）：65－74．

［13］陈仕华，姜广省，卢昌崇．董事联结、目标公司选择与并购绩效——基于并购双方之间信息不对称的研究视角［J］．管理世界，2013（12）：117－132．

［14］陈晓，陈小悦，刘钊．A股盈余报告的有用性研究——来自上海、深圳股市的实证证据［J］．经济研究，1999（6）：21－28．

［15］陈艳，梁烁，于洪鉴．会计信息质量、分析师预测与IPO股价信息含量［J］．宏观经济研究，2015（11）：131－141．

［16］陈泽艺，李常青．媒体追捧影响并购溢价吗？——来自上市公司重大资产重组的经验证据［J］．南方金融，2020（9）：17－30．

［17］程凤朝，刘家鹏．上市公司并购重组定价问题研究［J］．会计研究，2011（11）：40－46，93．

［18］程凤朝，刘旭，温馨．上市公司并购重组标的资产价值评估与交易定价关系研究［J］．会计研究．2013（8）：40－46．

［19］崔婧，杨思静．资产评估操纵提高了企业权益资本成本吗？——基于资产收购关联交易的实证检验［J］．湘潭大学学报（哲学社会科学版），2017，41（3）：63－67．

［20］戴德明．财务报告目标与公允价值计量［J］．金融会计，2012（1）：21－26．

［21］戴德明．会计准则国际趋同：回顾与展望［J］．财会月刊，2020（23）：3－6．

［22］邓传洲．公允价值的价值相关性：B股公司的证据［J］．会计研究，2005（10）：55－62．

［23］邓秀英，颜永平．浅析自由现金流量折现模型在企业价值评估中的应用［J］．商场现代化，2007（29）：30－31．

［24］邓永勤，康丽丽．中国金融业公允价值层次信息价值相关性的

经验证据 [J]. 会计研究, 2015 (4): 3 – 10.

[25] 董必荣. 关于公允价值本质的思考 [J]. 会计研究, 2010 (10): 19 – 25.

[26] 方军雄, 洪剑峭. 上市公司信息披露质量与证券分析师盈利预测 [J]. 证券市场导报, 2007 (3): 25 – 30.

[27] 方媛. 管理者自利行为与债务融资期限结构研究——基于债权人保护视角 [J]. 科学决策, 2013 (5): 15 – 32.

[28] 傅超, 杨曾, 傅代国. "同伴效应"影响了企业的并购商誉吗? ——基于我国创业板高溢价并购的经验证据 [J]. 中国软科学, 2015 (11): 94 – 108.

[29] 戈红. 新会计准则下上市公司盈余管理分析 [J]. 巢湖学院学报, 2008 (5): 45 – 48.

[30] 葛家澍. 关于在财务会计中采用公允价值的探讨 [J]. 会计研究, 2007, (11): 3 – 8.

[31] 葛家澍, 刘峰. 论企业财务报告的性质及其信息的基本特征 [J]. 会计研究, 2011 (12): 3 – 8, 96.

[32] 葛家澍. 关于公允价值会计的研究——面向财务会计的本质特征 [J]. 会计研究, 2009 (5): 6 – 13, 96.

[33] 葛伟杰, 张秋生, 张自巧. 支付方式、融资约束与并购溢价研究 [J]. 证券市场导报, 2014 (1): 40 – 47.

[34] 耿建新, 郭雨晴. 我国公允价值计量准则解析与国际比较 [J]. 财会月刊, 2020 (13): 44 – 52.

[35] 关静怡, 刘娥平. 对赌协议影响高管减持吗? ——基于 A 股上市公司定增并购事件的实证研究 [J]. 广东财经大学学报, 2020, 35 (2): 68 – 81.

[36] 郭立田, 徐丽. 公允价值的价值相关性检验 [J]. 时代金融, 2009 (3): 26 – 27.

[37] 郝秋红. 媒体报道是否影响公司盈余质量? ——基于盈余信息价值相关性的考察 [J]. 中国注册会计师, 2020 (4): 55 – 60.

［38］胡奕明，刘奕均．公允价值会计与市场波动［J］．会计研究，2012（6）：12 – 18.

［39］胡志勇，徐建挺，黄琼宇，余思明．信任与盈余价值相关性［J］．会计研究，2020（5）：48 – 61.

［40］黄静如．应用公允价值选择权与盈余波动——基于中国上市银行面板数据的检验［J］．现代管理科学，2012（4）：53 – 55.

［41］黄霖华，曲晓辉，张瑞丽．论公允价值变动信息的价值相关性——来自 A 股上市公司可供出售金融资产的经验证据［J］．厦门大学学报（哲学社会科学版），2015（1）：99 – 109.

［42］黄霖华，曲晓辉．证券分析师评级、投资者情绪与公允价值确认的价值相关性——来自中国 A 股上市公司可供出售金融资产的经验证据［J］．会计研究，2014（7）：18 – 26.

［43］黄晓芝．公允价值会计信息的资本市场定价效率研究［D］．成都：西南财经大学，2014.

［44］季侃，仝自强．盈余构成、持续性差异与财务分析师盈余预测——基于我国 A 股上市公司的经验分析［J］．山西财经大学学报，2012，34（2）：106 – 114.

［45］姜东强．新会计准则下会计信息含量的实证分析［D］．济南：山东大学，2008.

［46］蒋薇．大股东持股、债务融资与并购溢价［J］．会计之友，2020（7）：70 – 77.

［47］雷宇．公允价值的概念性难题及其解释——兼论财务报告目标的重构［J］．中南财经政法大学学报，2016（1）：72 – 81.

［48］李彬．文化企业并购高溢价之谜——结构解析、绩效反应与消化机制［J］．广东社会科学，2015（4）：37 – 43.

［49］李丹，贾宁．盈余质量、制度环境与分析师预测［J］．中国会计评论，2009，7（4）：351 – 370.

［50］李端生，柳雅君，邓洁．公允价值分层计量与分析师盈余预测关系研究［J］．经济问题，2017（11）：101 – 107.

参考文献

［51］李衡．并购交易中标的公司投资价值评估研究——以科达股份收购智阅网络为例［D］．北京：中国人民大学．2020.

［52］李青原，王露萌．会计信息可比性与公司避税［J］．会计研究，2019（9）：35－42.

［53］李文耀，许新霞．公允价值计量与盈余管理动机——来自沪深上市公司的经验证据［J］．经济评论，2015（6）：118－131.

［54］李小荣，薛艾珂，张静静．管理者特征对企业价值评估中收益法运用的影响［J］．中国资产评估，2016（9）：29－33.

［55］李增福，黎惠玲，连玉君．公允价值变动列报的市场反应——来自中国上市公司的经验证据［J］．会计研究，2013（10）：13－19，96.

［56］刘斌，徐先知．股权投资与公允价值计量——价值相关性的实证研究［J］．证券市场导报，2009（1）：70－76.

［57］刘娥平，关静怡．寅吃卯粮：标的公司盈余管理的经济后果——基于并购溢价与业绩承诺实现的视角［J］．中山大学学报（社会科学版），2019，59（4）：197－207.

［58］刘浩，孙铮．公允价值的目标论与契约研究导向——兼以上市公司首次确认辞退补偿为例［J］．会计研究，2008（1）：4－11，96.

［59］刘建勇，俞亮．资产评估机构聘请主体影响并购重组定价吗？［J］．财会月刊，2020（14）：32－39.

［60］刘建勇，周晓晓．并购业绩承诺、资产评估机构声誉与标的资产溢价——基于沪深A股上市公司的经验数据［J］．工业技术经济，2021，40（1）：151－160.

［61］刘捷，王世宏．资本规模对于上市公司盈利能力的影响研究［J］．煤炭经济研究，2006（10）：35－36.

［62］刘永泽，孙翯．我国上市公司公允价值信息的价值相关性——基于企业会计准则国际趋同背景的经验研究［J］．会计研究，2011（2）：16－22.

［63］路晓燕．我国新会计准则体系下公允价值的初步运用［J］．现代管理科学，2008（4）：40－42.

[64] 罗婷, 薛健, 张海燕. 解析新会计准则对会计信息价值相关性的影响 [J]. 中国会计评论, 2008, (2): 129-140.

[65] 马海涛, 李小荣, 张帆. 资产评估机构声誉与公司并购重组定价 [J]. 中国软科学, 2017 (5): 101-118.

[66] 马元驹, 林志军. 利润贡献损益确定模式的逻辑基础及其建构——基于收入与费用配比逻辑的分析框架 [J]. 会计研究, 2018 (1): 24-31.

[67] 毛志宏, 刘宝莹, 冉丹. 公允价值分层计量对上市公司信息风险的影响——基于沪深 A 股市场的经验证据 [J]. 吉林大学社会科学学报, 2014, 54 (5): 57-64.

[68] 毛志宏, 冉丹, 刘宝莹. 公允价值分层披露与信息不对称 [J]. 东北大学学报 (社会科学版), 2015, 17 (3): 260-267.

[69] 毛志宏, 徐畅. 公允价值分层计量如何影响分析师盈余预测——来自中国 A 股市场的证据 [J]. 财贸研究, 2017, 28 (12): 95-106.

[70] 潘爱玲, 刘文楷, 王雪. 管理者过度自信、债务容量与并购溢价 [J]. 南开管理评论, 2018, 21 (3): 35-45.

[71] 潘爱玲, 吴倩, 李京伟. 高管薪酬外部公平性、机构投资者与并购溢价 [J]. 南开管理评论, 2021, 24 (1): 39-49, 59-60.

[72] 钱逢胜, 乔元芳. 通用目的财务报告的目标——财务报告概念框架 [J]. 新会计, 2018 (5): 63-64.

[73] 秦璟. 资产评估方法的选择与资产评估结果合理性 [J]. 东岳论丛, 2013, 34 (3): 181-185.

[74] 曲晓辉, 毕超. 会计信息与分析师的信息解释行为 [J]. 会计研究, 2016 (4): 19-26.

[75] 曲晓辉, 黄霖华. 投资者情绪、资产证券化与公允价值信息含量——来自 A 股市场 PE 公司 IPO 核准公告的经验证据 [J]. 会计研究, 2013 (9): 14-21.

[76] 任世驰. 公允价值计量与动态反映会计研究 [D]. 成都: 西南

财经大学，2009.

[77] 申慧慧. 环境不确定性对盈余管理的影响 [J]. 审计研究，2010（1）：89－96.

[78] 石本仁，赖红宁. 公允价值会计——理论基础与现实选择 [J]. 暨南学报（哲学社会科学版），2001（4）：54－61.

[79] 石容新. 对《会计法》的重新认识 [J]. 中国管理信息化（综合版），2005（12）：16－18.

[80] 史静. 基于现金流量折现法的企业价值评估研究 [D]. 北京：北京交通大学，2009.

[81] 宋顺林，翟进步. 大股东操纵资产评估价格了吗？——来自股改后资产注入的经验证据 [J]. 经济管理，2014，36（9）：145－155.

[82] 谭洪涛，蔡利，蔡春. 公允价值与股市过度反应——来自中国证券市场的经验证据 [J]. 经济研究，2011，46（7）：130－143.

[83] 谭文. 基于价值链的企业价值评估方法研究 [D]. 天津：天津财经大学，2009.

[84] 唐宗明，蒋位. 中国上市公司大股东侵害度实证分析. 经济研究. 2002（4）：44－50.

[85] 田粟源. 上市公司并购重组中评估机构选择经济后果研究 [D]. 北京：中央财经大学，2018.

[86] 汪建熙，王鲁兵. 公允价值会计的多角度研究 [J]. 国际金融研究，2009（5）：12－22.

[87] 王爱群，闫盼盼，赵东. 海归董事降低了跨国并购溢价吗？——基于沪深 A 股上市公司的经验证据 [J]. 南京审计大学学报，2020，17（3）：40－50.

[88] 王帆，许诺，章琳，张龙平. 年报预约披露延迟与企业创新 [J]. 会计研究，2020（8）：159－177.

[89] 王福胜. 配比原则的理论目标、内涵及配比效果影响因素 [J]. 会计之友，2021（1）：2－8.

[90] 王建玲，宋林，张学良. 公允价值计量能提高公司会计盈余信

息的价值相关性吗？——来自金融保险、建筑及房地产上市公司的证据[J]. 当代经济科学，2008（6）：104-109，126.

[91] 王建新. 基于新会计准则的会计信息价值相关性分析 [J]. 上海立信会计学院学报，2010，24（3）：11-23.

[92] 王竞达，刘辰. 上市公司并购价值评估方法选择比较研究——基于2009年深证上市公司并购数据分析 [J]. 财会通讯，2011（33）：57-61，76.

[93] 王竞达. 上市公司资产评估与交易定价关系研究——基于2010年上市公司数据分析 [J]. 经济与管理研究，2012（5）：107-114.

[94] 王雷，李冰心. 强制分层披露提高了公允价值信息的决策有用性吗？——基于中国A股上市公司的经验证据 [J]. 审计与经济研究，2018，33（4）：86-95.

[95] 王茂林，林慧婷，何玉润. 企业自愿性会计变更影响价值相关性吗？[J]. 会计与经济研究，2016，30（5）：17-35.

[96] 王瑞丽，上官鸣. 基于资产评估视角的上市公司盈余管理实证分析 [J]. 财会通讯，2013（8）：36-37.

[97] 王守海，李淑慧，徐晓彤. 公允价值计量层次、审计师行业专长与盈余管理 [J]. 审计研究，2020（5）：86-95.

[98] 王守海，孙文刚，李云. 非活跃市场环境下公允价值计量的国际经验与研究启示 [J]. 会计研究，2012（12）：12-18.

[99] 王天东. 会计数据价值相关性研究中的尺度效应——回顾与展望 [J]. 会计研究，2016（8）：10-17，96.

[100] 王天童，孙烨. 目标公司信息透明度与并购溢价 [J]. 财经问题研究，2020（1）：54-62.

[101] 王天童. 信息透明度对公司并购影响的研究 [D]. 长春：吉林大学，2020.

[102] 王小荣，陈慧娴. 企业并购重组中评估定价与成交价，谁被资本市场接受？[J]. 中央财经大学学报，2015（9）：55-62.

[103] 王玉涛，薛健，陈晓. 企业会计选择与盈余管理——基于新

旧会计准则变动的研究 [J]. 中国会计评论, 2009, 7 (3): 255-269.

[104] 王跃堂, 孙铮, 陈世敏. 会计改革与会计信息质量——来自中国证券市场的经验证据 [J]. 会计研究, 2001 (7): 16-26, 65.

[105] 王治, 张传明. 信息环境、异质信念与会计信息价值相关性研究 [J]. 财经问题研究, 2013 (7): 87-93.

[106] 王治. 对公允价值会计的再认识——基于异质信念视角 [J]. 财贸研究, 2011, 22 (1): 136-143.

[107] 吴水澎, 徐莉莎. 新会计准则实施的效果——从价值相关性的角度 [J]. 经济与管理研究, 2008 (6): 61-66.

[108] 武勇, 刘曼琴. 并购过程目标企业价值评估的理论研究 [J]. 现代管理科学, 2005 (8): 37-39.

[109] 肖时庆. 证券市场资产评估问题研究 [D]. 厦门: 厦门大学, 2001.

[110] 谢爱萍. 公允价值会计计量属性的思考 [J]. 中国乡镇企业会计, 2007 (11): 15.

[111] 谢纪刚, 张秋生. 股份支付、交易制度与商誉高估——基于中小板公司并购的数据分析 [J]. 会计研究, 2013 (12): 47-52, 97.

[112] 谢德仁, 何贵华, 黄亮华. 新会计准则下我国会计信息价值相关性提升了吗? [J]. 投资研究, 2020, 39 (3): 35-56.

[113] 徐虹. 公允价值计量具有增量信息含量吗?——来自沪深 A 股的初步证据 [J]. 经济管理, 2008 (Z1): 89-97.

[114] 徐经长, 曾雪云. 金融资产规模、公允价值会计与管理层过度自信 [J]. 经济理论与经济管理, 2012 (7): 5-16.

[115] 徐先知. 公允价值会计的选择动因、信息质量及经济后果研究 [D]. 重庆: 重庆大学, 2010.

[116] 徐玉德, 齐丽娜. 以交易为目的的资产评估价值相关性研究——来自 A 股市场的经验证据 [J]. 中国资产评估, 2010 (4): 11-15.

[117] 许文瀚, 朱朝晖. 上市公司"微盈利"现象、盈余管理与年

报可理解性 [J]. 首都经济贸易大学学报, 2019, 21 (2): 93 – 103.

[118] 许新霞. 公允价值第三级次计量——悖论、成因与改进 [J]. 会计研究, 2011 (10): 30 – 33.

[119] 薛倚明, 张佳楠. 基于改进 Feltham – Ohlson 模型的公允价值会计信息相关性研究 [J]. 管理评论, 2012, 24 (6): 133 – 136.

[120] 闫绪奇. 控股股东对上市公司并购重组行为及效果的影响研究 [D]. 北京: 中央财经大学, 2018.

[121] 严成, 于谦龙. 系统风险视角下公允价值层级中的信息不对称 [J]. 农场经济管理, 2019 (6): 24 – 29.

[122] 严绍兵, 王莉莹, 仲崇敬, 吕文杰. 中国上市公司资产交易中评估结果与交易价格之间差异的研究 [J]. 中国资产评估, 2008 (5): 34 – 39.

[123] 杨敏, 李玉环, 陆建桥, 朱琳, 陈瑜. 公允价值计量在新兴经济体中的应用: 问题与对策——国际会计准则理事会新兴经济体工作组第一次全体会议综述 [J]. 会计研究, 2012 (1): 4 – 9.

[124] 叶陈刚, 崔婧, 王莉婕. 大股东资产评估操纵的影响因素研究——基于资产收购关联交易的实证检验 [J]. 证券市场导报, 2018 (4): 4 – 12.

[125] 叶建芳, 周兰, 李丹蒙, 郭琳. 管理层动机、会计政策选择与盈余管理——基于新会计准则下上市公司金融资产分类的实证研究 [J]. 会计研究. 2009, (3): 25 – 30.

[126] 叶康涛, 成颖利. 审计质量与公允价值计量的价值相关性 [J]. 上海立信会计学院学报, 2011 (3): 3 – 11.

[127] 袁淳, 王平. 会计盈余质量与价值相关性——来自深市的经验证据 [J]. 经济理论与经济管理, 2005 (5): 36 – 39.

[128] 岳公侠, 李挺伟, 韩立英. 上市公司并购重组企业价值评估方法选择研究 [J]. 中国资产评估, 2011 (6): 12 – 17.

[129] 翟进步, 李嘉辉, 顾桢. 并购重组业绩承诺推高资产估值了吗? [J]. 会计研究, 2019 (6): 35 – 42.

[130] 张宏霞，陈泉. 创新型中小企业价值评估方法研究——以东软集团公司为例 [J]. 广西财经学院学报，2010，23（6）：80－85.

[131] 张丽霞，张继勋. IASB 新提议的金融负债公允价值变动损益列报形式能够消除反直觉效应及投资判断偏误吗？——基于个体投资者的实验证据 [J]. 会计研究，2013（12）：3－10，96.

[132] 张路，姜国华，岳衡. 中国上市公司收入与成本费用配比性研究 [J]. 会计研究，2014（1）：5－12，94.

[133] 张敏，简建辉，张雯，汪晓庆. 公允价值应用：现状·问题·前景——一项基于问卷调查的研究 [J]. 会计研究，2011（4）：23－27.

[134] 张巍. 公允价值计量金融资产的持有动机与经济后果研究 [D]. 北京：中央财经大学，2015.

[135] 张先治，季侃. 公允价值计量与会计信息的可靠性及价值相关性——基于我国上市公司的实证检验 [J]. 财经问题研究，2012（6）：41－48.

[136] 张祥建，郭岚. 资产注入、大股东寻租行为与资本配置效率 [J]. 金融研究，2008（2）：98－112.

[137] 张烨，胡倩. 资产公允价值的信息含量及其计量——来自香港金融类上市公司的经验数据 [J]. 证券市场导报，2007（12）：29－35.

[138] 张璋，徐经长，汪猛. 技术创新与盈余价值相关性 [J]. 会计与经济研究，2018，32（5）：3－17.

[139] 张志红，冯玉梅. 评估判断的认知和影响因素研究——基于对中国资产评估师的问卷调查 [J]. 财经论丛，2015（1）：78－83.

[140] 赵嘉禾，田琳. 会计计量概念和理论探讨——基于《财务报告概念框架（2018）》的思考 [J]. 中国注册会计师，2019（1）：85－89.

[141] 赵建华. 经济增加值在企业价值评估中的优势——与自由现金流量作为评估标准的比较 [J]. 河南社会科学，2007（5）：69－70.

[142] 赵坤，朱戎. 企业价值评估方法体系研究 [J]. 国际商务财会，2010（12）：32－35.

［143］赵璐. 会计信息可比性对企业并购的影响研究 ［D］. 长春：吉林大学，2018.

［144］赵毅，张双鹏. 委托方女性 CFO 更认可"保守"的评估结论吗？［J］. 中央财经大学学报，2020（10）：70－87.

［145］赵宇龙. 会计盈余披露的信息含量——来自上海股市的经验证据 ［J］. 经济研究，1998（7）：42－50.

［146］郑伟. 财务会计概念框架基本逻辑缺陷与理论重构——复合架构思路 ［J］. 会计研究，2018（10）：35－43.

［147］中华人民共和国财政部. 企业会计准则 ［M］. 北京：经济科学出版社，2006.

［148］中华人民共和国财政部. 企业会计准则解释第 3 号 ［R］. 财会［2009］8 号.

［149］周华，刘俊海，戴德明. 质疑国际财务报告准则的先进性 ［J］. 财贸经济，2010（1）：68－74，136.

［150］周勤业，夏立军，李莫愁. 大股东侵害与上市公司资产评估偏差 ［J］. 统计研究，2003（10）：39－44.

［151］周中胜，窦家春. 公允价值运用与计量属性体系构建 ［J］. 会计研究，2011（11）：3－9.

［152］朱丹. 公允价值会计的价值相关性研究 ［D］. 重庆：重庆大学，2010.

［153］朱凯，李琴，潘金凤. 信息环境与公允价值的股价相关性——来自中国证券市场的经验证据 ［J］. 财经研究，2008（7）：133－143.

［154］朱凯，赵旭颖，孙红. 会计准则改革、信息准确度与价值相关性——基于中国会计准则改革的经验证据 ［J］. 管理世界，2009（4）：47－54.

［155］Ahmed A. S. , Zhou J. , Nainar K. Do Analysts' Earnings Forecasts Fully Reflect the Information in Accruals? ［J］. Canadian Journal of Administrative Sciences，2005，22（4）：329－342.

[156] Alex Lajoux，葛婷婷. 探寻企业并购的"奥秘"[J]. 董事会，2010（10）：97 – 99.

[157] Ali A. , Klein A. , Rosenfeld J. Analysts' Use of Information about Permanent and Transitory Earnings Components in Forecasting Annual EPS [J]. The Accounting Review, 1992, 67（1）：183 – 198.

[158] Anabila A. A. FASB's Initiatives to Improve on the Quality of Standards：The Role of Constituents at the Commentary Stage [J]. International Journal of Economics and Accounting, 2010, 1（1/2）：3 – 21.

[159] Ball R. , Brown P. An Empirical Evaluation of Accounting Income Numbers [J]. Journal of Accounting Research, 1968, 06（2）：159 – 178.

[160] Ball R. International Financial Reporting Standards（IFRS）：Pros and Cons for Investors [J]. Accounting and Business Research, 2006, 36（Supplement 1）：5 – 27.

[161] Barth M. E. , Clinch G. Revalued Financial Tangible and Intangible Assets：Associations with Share Prices and Nonmarket-based Value Estimates [J]. Journal of Accounting Research, 1998, 36：199 – 233.

[162] Barth M. E. . Measurement in Financial Reporting：The Need for Concepts [J]. Accounting Horizons, 2014, 28（2）：331 – 352.

[163] Beatty A. , Weber J. Accounting Discretion in Fair Value Estimates：An Examination of SFAS 142 Good will Impairments [J]. Journal of Accounting Research, 2006, 44（2）：257 – 288.

[164] Beaver W. H. , Demski J. S. The Nature of Income Measurement [J]. The Accounting Review, 1979, 54（1）：38 – 46.

[165] Beaver W. H. , Landsman W. R. How Well Does Replacement Cost Income Explain Stock Return? [J]. Financial Analysts Journal, 1983, 39：26 – 32.

[166] Beaver W. H. , McNichols M. F. The Characteristics and Valuation of Loss Reserves of Property Casualty Insurers [J]. Review of Accounting Studies, 1998, 3（1 – 2）：73 – 95.

公允价值信息的估值有用性——基于企业价值评估视角的研究

［167］ Beaver W. H. , Ryan S. G. How Well do Statement No. 33 Earnings Explain Stock Returns ［J］. Financial Analysts Journal, 1985, 41 (5): 66 – 71.

［168］ Bell T. B. , Griffin J. B. Commentary on Auditing High-Uncertainty Fair Value Estimates ［J］. Auditing-a Journal of Practice & Theory, 2012, 31 (1): 147 – 155.

［169］ Bernard V. , Ruland R. The Incremental Information Content of Historical Cost and Current Cost Numbers: Time Series Analysis ［J］. The Accounting Review, 1987, 62: 701 – 722.

［170］ Bowen R. M. 1979 Competitive Manuscript Award: Valuation of Earnings Components in the Electric Utility Industry ［J］. The Accounting Review, 1981, 56 (1): 1 – 22.

［171］ Bradford C. 公司价值评估——有效评估与决策的工具 ［M］. 张志强, 译. 北京: 华夏出版社, 2002: 15 – 78.

［172］ Bradshaw M. T. , Richardson S. A, Sloan R. G. Do Analysts and Auditors Use Information in Accruals? ［J］. Journal of Accounting Research, 2001, 39 (1): 45 – 74.

［173］ Bratten B. , Causholli M. , Khan U. Usefulness of Fair Values for Predicting Banks' Future Earnings: Evidence from Other Comprehensive Income and its Components ［J］. Review of Accounting Studies, 2016, 21 (1): 280 – 315.

［174］ Bruner R. Where M&A Pays and Where It Strays: A Survey of the Research ［J］. Journal of Applied Corporate Finance, 2004, 16 (4): 63 – 76.

［175］ Bryan K. , Alexander L. Testing Asymmetric-Information Asset Pricing Models ［J］. Narnia, 2012, 25 (5): 1366 – 1413.

［176］ Byard D. , Li Y. , Yu Y. The Effect of Mandatory IFRS Adoption on Financial Analysts' Information Environment ［J］. Journal of Accounting Research, 2011, 49 (1), 69 – 96.

［177］Chang X., Shekhar C., Tam L., Yao J. Q. The Information Role of Advisors in Mergers and Acquisitions: Evidence from Acquirers Hiring Targets' Ex-Advisors ［J］. Journal of Banking and Finance, 2016, 70: 247 - 264.

［178］Chen X., Cheng Q., Lo K. On the Relationship Between Analyst Reports and Corporate Disclosures: Exploring the Roles of Information Discovery and Interpretation ［J］. Journal of Accounting and Economics, 2009, 49 (3): 206 - 226.

［179］Christensen H. B., Nikolaev V. V. Does Fair Value Accounting for Non-Financial Assets Pass the Market Test? ［J］. Review of Accounting Studies, 2013, 18 (3): 734 - 775.

［180］Collins D. W., Maydew E. L., Weiss I. S. Changes in the Value-Relevance of Earnings and Book Values over the Past Forty Years ［J］. Journal of Accounting and Economics, 1997, 24: 39 - 67.

［181］Conrad J., Cornell B., Landsman W. R. When is Bad News Really Bad News? ［J］. The Journal of Finance, 2002, 57 (6): 2507 - 2532.

［182］Daley L. A. The Valuation of Reported Pension Measures for Firms Sponsoring Defined Benefit Plans ［J］. The Accounting Review, 1984, 59 (2): 177 - 198.

［183］Damodaran A. 深入价值评估 ［M］. 姜万军, 译. 北京: 北京大学出版社, 2005: 232 - 238.

［184］Daves P. R., Ehrhardt M. C., Shrieves R. E. 公司价值评估——管理者、投资者指南 ［M］. 张伟, 陈谦译. 北京: 清华大学出版社, 2005: 77 - 146.

［185］Dechow P. M., Myers L. A., Shakespeare C. Fair Value Accounting and Gains from Asset Securitizations: A Convenient Earnings Management Tool with Compensation Side-Benefits ［J］. Journal of Accounting and Economics, 2010, 49 (1 - 2): 2 - 25.

［186］Demmer M., Pronobis P., Yohn T. L. Mandatory IFRS Adoption and Analyst Forecast Accuracy: The Role of Financial Statement-Based Forecasts and Analyst Characteristics [J]. Review of Accounting Studies, 2019, 24 (3): 1022 –1065.

[187] Dietrich J. R. , Harris M. S, Muller K. A. The Reliability of Investment Property Fair Value Estimates [J]. Journal of Accounting and Economics, 2000, 30 (2): 125 –158.

[188] Dietrich J. R. , M. S. Harris M. S, Muller Ⅲ. The Reliability of Investment Property Fair Value Estimates [J]. Journal of Accounting and Economics, 2001, 30 (2): 125 –158.

[189] Fairfield P. M. , Sweeney R. J. , Yohn T. L. Accounting Classification and the Predictive Content of Earnings [J]. The Accounting Review, 1996, 71 (3): 337 –355.

[190] Fama E. F. Efficient Capital Markets: A Review of Theory and Empirical Work [J]. Journal of Finance, 1970, 25 (2): 383 –417.

[191] Feltham G. A. , Ohlson J. A. Valuation and Clean Surplus Accounting for Operating and Financial Activities [J]. Contemporary Accounting Research (Spring), 1995, 11 (2): 689 –731.

[192] Gebhardt G. , Reichardt R. , Wittenbrink C. Accounting for Financial Instruments in the Banking Industry: Conclusions from a Simulation Model [J]. European Accounting Review, 2004, 13 (2): 341 –371.

[193] Gebhardt W. R. , Lee M. C. , Swaminathan B. Toward an Implied Cost of Capital [J]. Journal of Accounting Research, 2001, 39 (1): 135 –177.

[194] Ghosh C. , Liang M. , Petrova M. T. The Effect of Fair Value Method Adoption: Evidence from Real Estate Firms in the EU [J]. The Journal of Real Estate Finance and Economics, 2020, 60 (1): 205 –237.

[195] Ghosh D. , Olsen L. Environmental Uncertainty and Managers' Use of Discretionary Accruals [J]. Accounting Organizations and Society, 2009, 34 (2): 188 –205.

[196] Givoly D. C. , Hayn S. , Katz. The Changing Relevance of Ac-

参考文献

counting Information to Debt Holders Over Time [J]. Review of Accounting Studies, 2017, 22 (1): 64 – 108.

[197] Goh B. W. , Li D. , Ng J. , Yong K. O. Market Pricing of Banks' Fair Value Assets Reported Under SFAS 157 Since the 2008 Financial Crisis [J]. Journal of Accounting and Public Policy, 2015, 34 (2): 129 – 145.

[198] Hann R. , Heflin N. F. , Subramanayam K. R. Fair Ualue Pension Accounting [J]. Journal of Accounting and Economics, 2007, 22: 328 – 358.

[199] Harris T. S. , Ohlson J. A. Accounting Disclosure and the Market's Valuation of Oil and Gas Prosperities [J]. The Accounting Review, 1987, 62: 651 – 670.

[200] He X. J. , Wong T. J. , Young D. Q. Challenges for Implementation of Fair Value Accounting in Emerging Markets: Evidence from China [J]. Contemporary Accounting Research, 2012, 29 (2): 538 – 562.

[201] Hilton A. S. , O'Brien P. C. Inco Ltd. : Market Value, Fair Value, and Management Discretion [J]. Journal of Accounting Research, 2009, 47 (1): 179 – 211.

[202] Hirst D. E. , Hopkins P. E. , Wahlen J. M. Fair Values, Income Measurement, and Bank Analysts' Risk and Valuation Judgments [J]. The Accounting Review, 2004, 79 (2): 453 – 472.

[203] Holthausen R. W. , Watts R. L. The Relevance of the Value Relevance Literature for Financial Accounting Standard Setting [J]. Journal of Accounting and Economics, 2001, 31: 3 – 75.

[204] Houqe M. N. , Easton S. , Zijl T. V. Does Mandatory IFRS Adoption Improve Information Quality in Low Investor Protection Countries? [J]. Social Science Electronic Publishing, 2013, 23 (2): 87 – 97.

[205] Hunter W. C. , Jagtiani J. An Analysis of Advisor Choice, Fees, and Effort in Mergers and Acquisitions [J]. Review of Financial Economics, 2003, 12 (1): 65 – 81.

[206] Jensen M. C. , Meckling W. H. Theory of the Firm: Managerial

公允价值信息的估值有用性——基于企业价值评估视角的研究

Behavior, Agency Costs and Ownership Structure [J]. Journal of Financial E-conomics, 1976, 3: 305 – 360.

[207] Jensen M. C. , Murphy K. J. Performance Pay and Top-Management Incentives [J]. Journal of Political Economy, 1990, 98: 225 – 264.

[208] Khurana I. K. , Kim M. S. Relative Value Relevance of Historical Cost v. s. Fair Value: Evidence from Bank Holding Companies [J]. Journal of Accounting and Public Policy, 2003, 22 (1) : 19 – 42.

[209] Kormendi R. , Lipe R. Earnings Innovations, Earnings Persistence, and Stock Returns [J]. The Journal of Business, 1987, 60 (3): 323 – 345.

[210] Landsman W. R. Is Fair Value Accounting Information Relevant and Reliable: Evidence from Capital Market Research [J]. Accounting and Business Research, 2007, Special Issue. 19 – 30.

[211] Leftwich R. Accounting in Private Market: Evidence from Private Lending Agreements [J]. The Accounting Review, 1983, 58 (1) : 23 – 42.

[212] Littleton A. C. , Zimmerman V. K. Accounting Theory, Continuity and Change. 1962, Prentice-Hall.

[213] Magliolo J. Capital Market Analysis of Reserve Recognition Accounting [J]. Journal of Accounting Research, 1986, 24 (3): 64 – 108.

[214] Matysiak G. , Wang P. Commercial Property Market Prices and Valuations: Analysing the Correspondence [J]. Journal of Property Research, 1995, 12 (3): 181 – 202.

[215] McNichols M. F. , Stubben S. R. The Effect of Target-Firm Accounting Quality on Valuation in Acquisitions [J]. Review of Accounting Studies, 2015, 20 (1): 110 – 140.

[216] Modigliani F. , Miller M. H. The Cost of Capital Corporation Finance and the Theory of Investment [J]. The American Economic Review, 1958, 48 (3): 261 – 297.

[217] Murdoch B. The Information Content of Historical Cost and FAS 33 Returns on Equity [J]. The Accounting Review, 1986, 61 (2): 273 – 287.

参考文献

公允价值信息的估值有用性——基于企业价值评估视角的研究

[218] Nayak S. Investor Sentiment and Corporate Bond Yield Spreads [J]. Review of Behavioral Finance, 2010, 2 (2): 59 – 80.

[219] Ohlson M. Growth and Nutrient Characteristics in Bog and Fen Populations of Scots Pine (Pinus sylvestris) [J]. Plant and Soil, 1995, 172 (2): 2325 – 345.

[220] Plantin G. , Sapra H. , Shin H. S. Marking-to-Market: Panacea or Pandora's Box? [J]. Journal of Accounting Research, 2008, 46 (2): 435 – 460.

[221] Raman K. , Shivakumar L. , Tamayo A. Target's Earnings Quality and Bidders' Takeover Decisions [J]. Review of Accounting Studies, 2013, 18 (4): 1050 – 1087.

[222] Richardson G. , Tinaikar S. Accounting Based Valuation Models: What Have We Learned? [J]. Accounting and Finance, 2004, 44 (2): 223 – 255.

[223] Robert A. S. , William P. A. Further Evidence of the Influence of Option Expiration on the Underlying Common Stock [J]. Elsevier, 1987, 15 (4): 291 – 302.

[224] Robinson D. , Burton D. Discretion in Financial Reporting: The Voluntary Adoption of Fair Value Accounting for Employee Stock Options [J]. Accounting Horizons, 2004, 18 (2): 97 – 108.

[225] Skaife H. A. , Wangerin D. D. Target Financial Reporting Quality and M&A Deals that Go Bust [J]. Contemporary Accounting Research, 2013, 30 (2): 719 – 749.

[226] Song C. J. , Thomas W. B. , Yi H. Value Relevance of SFAS No. 157 Fair Value Hierarchy Information and the Impact of Corporate Governance Mechanisms [J]. The Accounting Review, 2010, 85 (4): 1375 – 1410.

[227] Song H. J. A Study on the Association between Prior Period Error Corrections and Market Response [J]. Journal of Taxation and Accounting, 2008, 9 (3): 111 – 137.

[228] So S. , Smith M. Value-Relevance of Presenting Changes in Fair Value of Investment Properties in the Income Statement: Evidence from Hong Kong [J]. Accounting and Business Research, 2009, 39 (2): 103 –118.

[229] William F. S. Capital Asset Prices: A Theory of Market Equilibrium Under Conditions of Risk [J]. Journal of Finance, 1964, 19 (3): 425 – 442.

[230] Zoran I. , Jegadeesh N. The Timing and Value of Forecast and Recommendation Revisions: Do Analysts Receive Early Peek at Good News? [J]. Journal of Financial Economics, 2004, 72 (3): 433 –463.

【参考文献】